Helen Dore Boylston
Susanne Barden – Zeig, was du kannst

Helen D. Boylston ist 1895 in Portsmouth geboren und arbeitete lange Zeit in einem Krankenhaus in Boston. In den Feldlazaretten Frankreichs und des Balkans sammelte sie ihre Erfahrungen; später war sie als Narkoseschwester tätig. Heute lebt sie auf ihrer Farm in Connecticut (USA). Mit ihrer Mädchenbuchreihe ›Susanne Barden‹ und ihrer ›Carol‹-Serie hat sie sich weltweiten Ruf als humorvolle und unterhaltsame Schriftstellerin erworben, die das Leben kennt und auch zu schildern vermag.
Titel von Helen D. Boylston bei dtv junior: siehe Seite 4

Helen Dore Boylston

Susanne Barden
Zeig, was du kannst

Deutscher
Taschenbuch
Verlag

Titel der Originalausgabe: Sue Barden, Superintendent Nurse
Originalverlag: Little, Brown & Co., Boston
Aus dem Amerikanischen von Lena Stepath
Dieses Buch erschien früher als bt Jugend-Taschenbuch
im Benziger Verlag, Zürich/Köln

Von Helen D. Boylston sind außerdem bei dtv junior erschienen:
Susanne Barden – Hinaus ins Leben, Band 7235
Susanne Barden in New York, Band 7302
Susanne Barden – Weite Wege, Band 7322
Susanne Barden – Jung verheiratet, Band 7336
Susanne Barden – Heiter bis bewölkt, Band 7236
Susanne Barden – Ende gut, alles gut, Band 7352
Carol – Ihr größter Wunsch, Band 7233
Carol – Große, schöne Welt (bt 105)
Carol – Gewagt und gewonnen (bt 122)

1. Auflage Juni 1977
2. Auflage Oktober 1978: 13. bis 19. Tausend
Deutscher Taschenbuch Verlag GmbH & Co. KG, München
© Erika Klopp Verlag, Berlin
Zweiter Teil der deutschen Originalausgabe:
›Susanne Barden – Hinaus ins Leben‹
Umschlaggestaltung: Celestino Piatti
Umschlagbild: Edith Schindler
Gesamtherstellung: Ebner, Ulm
Printed in Germany · ISBN 3-423-07284-9

Seniorin

An einem heißen Nachmittag im September herrschte Totenstille im Haus Brewster. Die Tagesschwestern, die keinen Dienst hatten, lagen im Schatten einer Markise auf dem Dach und genossen eine mehr eingebildete als tatsächliche Kühle, die der Wind vom Fluß herübertrug. In den oberen Stockwerken schliefen erhitzt und unruhig die Nachtschwestern. Sie hatten Türen und Fenster weit geöffnet, um sich auch nicht den leisesten Luftzug entgehen zu lassen. Im ersten Stock kroch das Sonnenlicht durch die halb geöffnete Jalousie in den kleinen Teeraum und legte gleißende Streifen auf das weiße Tischtuch.

Nora, das irische Küchenmädchen, blickte seufzend auf den leeren Teekrug, legte die Schwesternhaube, an der sie nähte, auf den Tisch und stand auf. Die Ärmel ihres schwarzen Seidenkleides hingen feucht und zerknittert um ihre Arme, aber ihre winzige weiße Schürze und der gekrauste Kragen waren so steif gestärkt, daß ihnen keine Feuchtigkeit etwas anhaben konnte. Nora nahm den Krug, ging aus dem Zimmer und stieg eine Treppe neben dem Liftschacht hinunter.

In dem verlassenen Teezimmer war es so still, daß es fast wie ein plötzlicher Sturmwind wirkte, als zwei neue Probeschwestern schüchtern eintraten. Sie hatten Federhalter und große schwarze Notizhefte bei sich, die sie behutsam auf einen Stuhl legten. Verlangend blickten sie auf einen Teller mit belegten Broten, der auf dem Tisch stand. Die größere der beiden war beinahe unnatürlich dünn. Sie hatte eine spitze Nase und blaßblaue Augen, die fahrig umherirrten. Die blaue Tracht hing ihr wie ein Sack um den schmächtigen Körper. Die andere Probeschwester war klein und rundlich. Ihr kindliches Gesicht bedeckten kleine Schweißperlen.

»Vielleicht sollten wir es lieber nicht tun«, meinte die Dünne ängstlich, »wer weiß, ob es erlaubt ist?«

»Ach, ein Butterbrot wird man schon nicht vermissen. Ich sterbe vor Hunger.« Die Kleine streckte die Hand nach dem Teller aus, zog sie jedoch hastig wieder zurück, als sie Schritte hinter sich hörte. Schuldbewußt wandte sie sich um. Ein schlankes Mädchen in grauer Tracht stand an der Tür und lächelte ihr belustigt zu.

Die beiden Neulinge sahen sie ein wenig furchtsam an. Sie wurden oft von den Lernschwestern des Krankenhauses gehänselt. Aber diese hier schien nett zu sein und sie nicht auszulachen. Außerdem war sie, wie die beiden später einstimmig feststellten, das »entzückendste Geschöpf«, das sie jemals gesehen hatten. Leicht, wie schwebend stand sie da, eine Hand in ihrer Schürzentasche. Die kleine weiße Haube lag wie eine umgekehrte Teetasse auf ihren kupferroten Haaren. Die Haut war sehr zart, fast durchsichtig. »Wollen Sie nicht etwas trinken?« fragte sie liebenswürdig.

»Aber es ist ja gar kein Tee da. Wer hat denn bloß schon wieder alles ausgetrunken?« Sie ging zur Treppe und rief: »Nora! Hilfe! Wir verdursten!«

»Ich komme ja schon!« klang Noras Stimme vom unteren Flur herauf. »Ein alter Mann ist kein D-Zug!«

Die Schwester lachte und ging ins Teezimmer zurück. Die beiden Probeschwestern betrachteten sie ein wenig neidisch. Die graue Tracht mit dem eng anliegenden Leibchen, dem weiten Rock und der weißen gestärkten Schürze wirkte so adrett. Noch mehr aber beneideten sie sie um die kurzen Ärmel und den Umlegekragen, der am Halse offen war, denn sie selber trugen hohe Kragen und lange Ärmel mit breiten gestreiften Stulpen.

»Essen Sie etwas«, sagte die Schwester und deutete einladend auf den Teller.

Als sie sah, daß die kleine dicke Probeschwester hastig drei Schnitten auf einmal ergriff, lachte sie. »Ich weiß genau, wie Ihnen zumute ist. Aber das gibt sich. Nach kurzer Zeit werden Sie nicht mehr so schrecklich hungrig sein.«

»Dürfen wir eigentlich hier Tee trinken?« fragte die dünne Probeschwester.

»Natürlich, er ist für alle da. Wußten Sie das nicht? Setzen Sie sich doch bitte hin. Mir wird ganz heiß beim Anblick Ihrer Kragen und Manschetten.« Sie ließ sich in einen Korbsessel fallen. »Wenn Sie nicht im Dienst sind, brauchen Sie nur vor Stabsschwestern aufzustehen.«

Nach kurzem Zögern nahmen die beiden dicht nebeneinander am Tisch Platz. Es schmeichelte ihnen sehr, daß eine Lernschwester so freundlich mit ihnen sprach.

»Gefällt es Ihnen hier?« fragte sie nun.

»O ja!« antworteten die beiden wie aus einem Mund. Und die Dünne fügte überraschenderweise hinzu: »Man ist hier so – so frei, finde ich.« Die Schwester machte ein verblüfftes Gesicht. »Nanu! Wie meinen Sie denn das?«

Die Probeschwester klemmte ihre Absätze hinter die Stuhlleiste. »Mein Stiefvater zu Hause«, erklärte sie etwas verlegen, »war so streng. Ich hatte nie eine Minute freie Zeit, konnte niemals etwas für mich tun. Immer fragte er mich, warum ich nicht etwas anderes mache. Aber hier kann ich tun, was ich will, wenn ich dienstfrei bin. Ich kann ausgehen oder zu Hause bleiben, lesen oder sonst etwas tun. Und alle sind hier so nett. Sie werden mich sicherlich albern finden, aber es kommt mir hier wie im Himmel vor.«

»Sie armes Lamm!« sagte die Schwester mitleidig. »Auch ich finde dieses Krankenhaus wunderbar – aber ich muß ehrlich gestehen, daß ich es niemals als einen Hort der Freiheit bezeichnen könnte. Es ist ...« Sie brach ab, als sie das leise Klirren von Eisstückchen hinter sich hörte. »Gott sei Dank, daß Sie kalten Tee bringen, Nora! Ich verschmachte.«

Die kleine Irin trapste müde von der Hitze ins Zimmer; ihre Augen leuchteten auf, als sie die Schwester erblickte. »Ach, Sie haben gerufen! Nett, daß ich Sie wieder einmal sehe.« Ein bernsteingelber Strom ergoß sich in die Gläser, die sich sogleich von der Kälte beschlugen. »Zwei Stück Zucker, nicht wahr? Das habe ich noch nicht vergessen. Wie gefällt Ihnen denn Ihr neues Zimmer?«

Die Schwester schloß ihre schlanken Finger aufatmend um das kalte Glas. »Es gefällt mir gut. Aber ich fühle mich noch ein wenig wie ein verlaufener Hund in Haus Grafton.« Sie wandte sich zu den Probeschwestern. »Ich bin gerade mit dem Kursus in der Abteilung für Augen und Ohren fertig. Nun hat mich die Schulleitung nach Haus Grafton versetzt. Ich bin die erste aus meiner Klasse, die dorthin gezogen ist.«

»Ihre Freundinnen werden bald nachkommen«, klagte Nora. »Wenn die beiden Teufel, Fräulein Halliday und Fräulein van Dyke, fort sind, wird es hier trister werden als auf einem Hinterhof im Regen.«

»Entschuldigen Sie bitte, sind Sie Seniorin?« fragte die kleine dicke Probeschwester.

»Ja, ich bin es soeben geworden – vor einer Woche.«

»Ich dachte es mir, weil Sie nach Haus Grafton gezogen sind. Dort wohnen ja nur Seniorinnen. Wie kommt es eigentlich, daß ich Sie noch nie gesehen habe?«

»Das ist ganz einfach. Zuletzt war ich tagsüber in der Augen- und Ohrenstation, vorher hatte ich Nachtdienst, und davor war ich eine Zeitlang zu Hause, um mich von einer Blinddarmoperation zu erholen.«

»Ach so.« Es machte offenbar großen Eindruck auf die Probeschwester, daß sich eine Seniorin mit ihr unterhielt, die vom Nachtdienst sprach, als wäre es etwas ganz Alltägliches. Schweigend trank sie ihren Tee und sagte dann schüchtern: »Ich möchte Sie gern etwas fragen. Wir sind noch neu hier, und es ist alles so verwirrend.«

Die Schwester lächelte sie ermutigend an. »Schießen Sie los!«

»Wie ist das eigentlich mit den Seniorinnen? Sie sagten soeben, daß Sie erst seit einer Woche Seniorin sind. Aber andere Lernschwestern hier sind es schon länger. Wie . . .«

»Nun, das ist so: Jedes halbe Jahr kommt eine neue Klasse in die Schule. Und am fünfzehnten September findet alljährlich eine Diplomfeier für beide Klassen statt. Die Schülerinnen erhalten dann jedoch noch nicht ihr Diplom, sondern tragen nur an diesem einen Tag das schwarze Band der ausgebildeten Schwester auf ihrer Haube. Danach müssen sie es wieder ablegen, bis sie genau drei Jahre lang im Krankenhaus gearbeitet haben. Das ist niemals für die ganze Klasse am selben Tag der Fall, denn viele Schülerinnen haben durch Krankheit oder Abwesenheit aus anderen Gründen Zeit versäumt und müssen sie nachholen.«

»Aber . . .«

»Kurz bevor Sie herkamen, fand eine Diplomfeier statt. Meine ist erst im nächsten Jahr, aber dann bin ich noch nicht fertig, weil ich zwei Monate nachzuholen habe.«

»Ach so. Vielen Dank.«

»Wollen Sie sonst noch etwas wissen?«

»Nein, nur . . .«

»Nun?«

»Wie – wie fühlt man sich so als Seniorin?«

Die Schwester lachte verständnisvoll. Dann wurde sie ernst. »Es ist eigentlich nicht ganz so, wie ich erwartet hatte. Man ist immer müde. Man hat viel mehr Verantwortung als vorher und – ist zwei Jahre älter. Ich will nicht sagen, daß es keine Freude macht, Seniorin zu sein, aber es ist eben ganz anders als vorher. Hm – besser kann ich Ihnen das leider nicht erklären.«

»Vielen Dank.«

Die magere Probeschwester hatte der Unterhaltung schweigend und mit düsterem Gesicht zugehört. Nun wandte sich die Schwester ihr zu. »Wie kommen Sie mit Fräulein Cameron aus, Fräulein . . .?«

Das Mädchen fuhr zusammen und errötete.

»Meyer – Anni Meyer«, stellte sie sich verlegen vor. »Ich habe solche Angst vor Fräulein Cameron, daß mir beim Unterricht immer der kalte Schweiß ausbricht. Ich kann überhaupt nichts behalten, und sie sagt immer zu mir . . .«

»Ich weiß. Das haben wir alle einmal durchgemacht. Trotzdem, Fräulein Cameron ist ein prächtiger Mensch, eine der großartigsten Frauen, die ich kenne. Wenn Sie mir jetzt vielleicht auch nicht glauben, später werden Sie mir gewiß recht geben.« Sie stellte ihr Teeglas hin und stand auf.

»Nora, haben Sie die beiden Teufel irgendwo gesehen?«

»Ja, sie waren kurz vor Ihnen hier. Deshalb war auch kein Tee mehr da.«

»Das hätte ich mir denken können! Wenn man einen Teetisch antrifft, der so abgegrast aussieht, als hätte sich eine Armee darüber hergemacht, sind bestimmt die beiden daran schuld.« Sie nickte den Probeschwestern, die ebenfalls aufgestanden waren, freundlich zu, klopfte Nora auf die Schulter und ging mit schnellen Schritten aus dem Zimmer.

Draußen drückte sie auf den Liftknopf. Während sie auf den Fahrstuhl wartete, las sie die Anschläge am Schwarzen Brett, das an der Flurwand angebracht war. Plötzlich rief sie erschrocken »o jemine!« Im nächsten Augenblick flog sie die Treppen hinauf, ohne sich weiter um den Fahrstuhl zu kümmern.

Die Probeschwestern drehten sich sofort zu Nora um.

»Wer war das? Die ist ja süß!«

»Das war Schwester Barden. Wußten Sie das nicht?«

»Was?« Die magere Probeschwester sperrte den Mund auf.

»Doch nicht etwa...«

»Dieselbe Schwester Barden, von der man uns in der Klasse erzählt hat?« fiel die kleine Dicke ein. »Die einer anderen Schwester das Leben gerettet hat – und einer Patientin ebenfalls – obwohl sie vor kurzem operiert worden war? Und die dabei verletzt wurde?«

»Dieselbe.«

»Und wir haben zu ihr gesprochen wie zu einem x-beliebigen Menschen. Wenn ich gewußt hätte...«

»Und mich nannte sie Lamm!« flüsterte die Magere hingerissen.

Im vierten Stock angelangt, schob Susy, welche die Probeschwestern schon wieder vergessen hatte, die Tür auf, durch die man aufs Dach gelangte. Sie wußte, daß Kit und

Connie dort zu finden sein würden. Es hatte keinen Zweck, sie in ihren Zimmern zu suchen. Alle Schwestern verbrachten ihre freie Zeit an heißen Tagen auf dem Dach.

Der Wind, der vom Fluß her kam, wehte Susy ins Gesicht, als sie über die Schwelle trat. Vorsichtig schlängelte sie sich zwischen den reglosen Gestalten, die in Hängematten und auf Decken lagen, zum anderen Ende des Daches durch. Schläfrig gemurmelte Worte begleiteten ihren Weg. »Ach, es ist Susy. Guten Tag, Susy!« Aber kein Kopf hob sich. Schließlich blieb sie vor Kit und Connie stehen, die mit dem Gesicht nach unten auf einer Decke lagen. Sie kniete zwischen ihnen nieder.

»Habt ihr die Anschläge am Schwarzen Brett gelesen?« fragte sie mit einer Stimme, in der unterdrückte Erregung schwang.

Die beiden wandten ihr die Köpfe zu und sahen sie fragend an.

»Natürlich nicht«, antwortete Connie gleichgültig. »Warum sollten wir auch?«

»Laß uns mit dem Schwarzen Brett in Ruhe«, brummte Kit. »Wir wollen schlafen.«

»Das Schlafen wird euch gleich vergehen. Wir sind mit Operationslehre dran. Aber wenn ihr müde seid, kann ich ja später über die Einzelheiten berichten.« Susy erhob sich. »Auf Wiedersehen – bis heute abend!«

»Halt, halt! Warte!«

Beide Mädchen waren plötzlich hellwach und rollten herum. »Erzähle!«

Susy lächelte durchtrieben. »Das Schwarze Brett befindet sich im ersten Stockwerk links neben dem Lift. Jeder kann es euch zeigen.« Singend wie ein Prediger fuhr sie fort: »Die Schwestern sollten die Anschläge am Schwarzen Brett mindestens dreimal täglich studieren. Es muß ihnen zur Gewohnheit werden...«

»Susy! Komm sofort hierher!« Connie richtete sich mit einem Ruck auf. Ihre haselnußbraunen Augen mit den schweren Lidern blickten ganz erschrocken; sie war blaß geworden. Ihre Hand zitterte leicht, als sie sich ihr dichtes, dunkles Haar aus dem Gesicht strich. Susy hockte sich auf die Decke. Ihr Blick glitt von Connie zu Kit. Diese hatte sich auf den Rücken gelegt. Gelassen verschränkte sie die Hände unter ihrem Kopf und blickte Susy erwartungsvoll an.

»Die erste Stunde findet am Montag von vier bis fünf statt«, berichtete Susy. »Was ist denn los, Connie?«

»Schon am Montag? Dann kommen wir auch bald in den Operationssaal.«

»Natürlich«, sagte Kit ruhig.

»Ich habe entsetzliche Angst davor«, bekannte Connie.

Susy war erstaunt. »Aber warum denn nur, Connie?«

»Ich – ich weiß auch nicht. Ich habe das Gefühl, daß ich nicht dazu tauge. Ich gehe immer in allem so schrecklich auf. Und Operieren ist nun mal so eine aufregende Angelegenheit. Man darf dabei nicht mit den Zähnen klappern, und das werd' ich.«

»Unsinn!« entgegnete Susy energisch. »Du wirst gar keine Zeit dazu haben. Ich kann es kaum noch erwarten, in den Operationssaal zu kommen. Seitdem ich hier im Krankenhaus bin, freue ich mich darauf.«

Connie warf sich mit einer nervösen Bewegung auf den Rücken. »Zuzusehen, wie man Menschen aufschneidet! Es ist so unnatürlich und scheußlich.«

»Ganz und gar nicht«, erwiderte Kit. »So darfst du das nicht ansehen. Im Grunde ist ja jede Krankheit unnatürlich. Wenn man sich gehen läßt, kann man auch beim Anblick eines Furunkels in Ohnmacht fallen. Du redest, als hättest du noch nie im Leben einen Verband gemacht.«

»Ja, aber . . .«

»Gar nichts aber! Du hast zu viele Zeitungsromane und ähnliches gelesen. Ich kenne das. ›Jon Jones begibt sich unter das Messer‹ oder in riesigen Schlagzeilen ›Bekannter Chirurg enthüllt Vorgänge hinter verschlossenen Türen, wo vermummte Gestalten lauern‹. Puh!«

Susy lachte. »Kit hat recht, Connie. Deine Phantasie geht mal wieder mit dir durch.«

»So ist es.« Kit drehte sich auf die Seite und sah Connie ernst an. »Operieren ist eine saubere, präzise Arbeit und ein Segen für die Menschheit. Es ist tatsächlich dramatisch – wenn du durchaus Dramatik haben mußt. Aber laß den Unsinn über Unnatürlichkeit, blutiges Geschäft und all das. Was ist bloß plötzlich in dich gefahren?«

»Ach, nichts. Es wird sich schon wieder geben.« Connie schien sich beruhigt zu haben, konnte es jedoch nicht unterlassen zu fragen: »Habt ihr denn gar keine Angst?«

Kit starrte nachdenklich auf eine weiße Federwolke am Himmel. »Nein, ich glaube nicht, daß ich Angst habe. Aber ich weiß nicht, ob mir die Arbeit im Operationssaal liegen wird. Das muß sich erst herausstellen.«

»Ich weiß schon jetzt genau, daß ich es schaffen muß ... muß ... oder ich reiß' mir ein Bein aus«, fiel Susy lebhaft ein. »Wenn ich mein Diplom habe, werde ich Operationsschwester.«

Die beiden anderen Mädchen warfen sich einen bedeutungsvollen Blick zu.

»Himmel, du bist ja gehörig in Fahrt!« rief Kit spöttisch. »Ist Dr. Wilhelm Barry vielleicht an dieser Begeisterung schuld?«

Susy errötete. »Red keinen Unsinn!« fuhr sie ärgerlich auf.

Kit kicherte. »Aha, es stimmt also!«

»Nein, es stimmt nicht! Ich war schon immer ...«

»Nun, nun!« Connie richtete sich wieder auf. »Laß doch dem armen Ding sein kleines süßes Geheimnis. Ach, ist das heiß!« Sie wischte sich das Gesicht mit einem Handtuch ab, das unter ihrer Schürze am Gürtel hing. »Komm, Kit, wir müssen zum Dienst. Wollen wir heute nacht hier oben schlafen?«

»Selbstverständlich«, antwortete Kit.

»Laßt mir die Decke hier«, bat Susy. »Ich bring sie dann nachher hinunter.«

»Einverstanden! Bis nachher, Susy!«

Die Mädchen gingen davon – quer über das Dach und

zurück in die heißen Krankensäle, Kit mit ihrem leichten schwingenden Gang, Connie angespannt und gerade.

Susy streckte sich gähnend auf der Decke aus und schloß die Augen. Die Hitze war drückend. An Schlafen war wohl kaum zu denken. Was hatte Kit nur mit ihrer Bemerkung über Dr. Barry gemeint? Sie hatte Susy heute zum erstenmal wegen Bill gehänselt. Das hieß, daß sie etwas bemerkt hatte, eine Veränderung – entweder bei Susy oder bei Bill.

›Aber ich habe mich nicht verändert‹, dachte Susy. Unruhig schlug sie die Augen auf und starrte in den blauen Himmel hinauf. Bill hatte sich verändert, darüber bestand kein Zweifel. Es hatte sich etwas Beunruhigendes in ihre Freundschaft geschlichen. Zum erstenmal hatte sie diese Veränderung bemerkt, als sie selber Patientin war und Bill ihr einen Krankenbesuch machte.

Danach, als sie wieder Dienst machte, hatte er nicht versucht, sie öfter als sonst zu sehen. Ihre Begegnungen waren immer zufällig gewesen. Lernschwestern war es ja verboten, privat mit Ärzten des Krankenhauses zu verkehren. Natürlich taten es trotzdem viele, und es hätte sich schon einrichten lassen. Aber anfangs war ihre Freundschaft anders gewesen, und nun – –

Susy warf sich ruhelos auf der heißen Decke hin und her. War es denn schlimm, daß eine Veränderung in ihrem Verhältnis zu Bill eingetreten war? Sie hatte Bill sehr, sehr gern. Einen anderen Mann gab es nicht für sie. Eines Tages würde sie sich verlieben und heiraten, davon war sie überzeugt.

›Aber noch nicht!‹ flehte sie innerlich. ›Bitte noch nicht! Ich habe jetzt anderes zu tun.‹

Hoch oben am Himmel hingen kleine weiße Wölkchen. Über den Dächern der Stadt zitterte die Luft. Das Stimmengemurmel der ruhenden Schwestern wirkte einschläfernd. Es klang wie das Summen der Bienen in den Weinstöcken an der Gartenpforte ihres Elternhauses, dachte Susy. Ihr fielen die Augen zu. Langsam entspannten sich ihre Hände, mit denen sie die Decke umklammert hatte.

Geheimnisvolle Unterröcke

Operationslehre III war, wie schon der Name besagte, der dritte Kursus dieses Unterrichtsfachs.

In dem ersten Kursus, der während der Probezeit stattfand, wurden die Grundlagen der Asepsis gelehrt, der Entkeimung, wie Susy gesagt hatte, als sie noch nicht mit medizinischen Fachausdrücken vertraut gewesen war. Die Probeschwestern mußten sich Hände und Arme bis zu den Ellenbogen gründlich mit Seifenwasser abbürsten. Dadurch wurden die Hände jedoch noch nicht ›chirurgisch rein‹. Um sie steril zu machen, mußten sie in Alkohol getaucht werden. Dann zogen die Probeschwestern einen sterilen Kittel an und streiften sterilisierte Gummihandschuhe über.

In dieser sonderbaren und unbequemen Kleidung lernten sie, sterile Instrumente oder andere sterile Gegenstände mit sterilen Zangen zuzureichen. Die Lehrerin schärfte ihnen ein, Instrumente auf keinen Fall mit den Händen zu berühren, denn Hände waren niemals ganz steril, und sogar Gummihandschuhe ließen sich nicht so vollkommen sterilisieren wie Metall. Die Mädchen lernten, sterile Kittel, Handtücher und Gazetupfer zu entfalten, und erfuhren, daß Dinge, die steril bleiben sollten, niemals mit nichtsterilen Dingen in Berührung kommen durften. Trockene Gegenstände bildeten eine Ausnahme. War zum Beispiel eine Seite eines Lakens oder eines Handtuchs unsteril geworden, so blieb die andere trotzdem steril, wenn sie nicht etwa feucht geworden oder mit etwas ›Schmutzigem‹ in direkte Berührung gekommen war.

Der zweite Kursus in Operationslehre fand während des ersten Semesters statt und behandelte die Vorbereitung eines Patienten zu einer Operation und seine Pflege danach.

Den dritten Kursus, den die Schwestern nun in ihrem letzten Lernjahr durchmachten, fand Susy anfangs ein wenig enttäuschend, denn er war eigentlich nur eine gründliche Wiederholung des ihr schon bekannten aseptischen

Verfahrens. Aber in der letzten Stunde lernten sie etwas Neues, nämlich welche Dinge im Operationssaal gebraucht und wie sie zugereicht wurden. Mit großem Interesse sahen sie zu, wie die Lehrerin den Tisch einer Operationsschwester für eine einfache Blinddarmoperation ›deckte‹.

»Sie sollen jetzt erst einmal einen allgemeinen Eindruck des Verfahrens bekommen«, sagte sie. »Ich erwarte nicht, daß Sie sogleich jede Einzelheit behalten. Sie lernen es dann im Operationssaal, wie Sie die zu einer Operation benötigten Dinge vorschriftsmäßig auf dem Tisch anzuordnen haben.«

Die Mädchen verließen das Klassenzimmer in der Erwartung, bald an aufregenden Ereignissen teilzunehmen. Die einzige Frage war nur, wann das sein würde, denn es wurde immer nur eine kleine Gruppe von Schülerinnen zur gleichen Zeit in den Operationssaal geschickt.

Mehrere Tage blieben sie im ungewissen, wann sie an der Reihe sein würden. Inzwischen begann der Unterricht in Neurologie und Psychiatrie, in Ernährungswissenschaft, in der Pflege junger Mütter, in allgemeiner Gesundheitspflege und Ethik.

Außerdem arbeiteten die Seniorinnen in den Krankensälen. Einzeln und paarweise siedelten sie allmählich nach Haus Grafton über. An dem Tag, als Connie umzog, ereignete sich etwas Sonderbares, ein bloßer Zufall, wie es zuerst schien.

Susy und Kit, die Connie beim Umzug halfen, hatten bereits einen Teil ihrer Sachen zum Haus Grafton getragen und kehrten noch einmal zurück, um den Rest zu holen. Als sie an Fräulein Camerons Zimmer vorbeikamen, hatte Susy einen Einfall.

»Wir wollen Fräulein Cameron Lebewohl sagen, bevor wir Haus Brewster für immer verlassen«, schlug sie vor.

»Ohne mich!« antwortete Kit bestimmt. »Ich zittere jetzt noch genauso vor ihr wie zu Beginn meiner Probezeit. Lieber gehe ich zum elektrischen Stuhl als durch diese Türe. Geht ihr beiden! Ich werde hier auf euch warten.«

»Meine Schürze ist nicht ganz sauber«, sagte Connie hastig. »Ich will lieber auch draußen bleiben. Geh du hinein, Susy. Los!«

Susy ließ jetzt die beiden stehen, die ihr beklommen nachschauten. Sie war nun auch ein wenig ängstlich, aber dennoch entschlossen, ihr Vorhaben durchzuführen.

Mit klopfendem Herzen spähte sie durch die halboffene Tür ins Zimmer. Ein Teil war durch einen Wandschirm verborgen. Vor einem kleinen Schreibtisch saß die weiße imponierende Gestalt Fräulein Camerons steif wie ein Ladestock. Sie beherrschte den Raum, wie sie alles zu beherrschen pflegte. Ihre Befehlsgewalt über die Schülerinnen war theoretisch mit der Probezeit zu Ende, aber in Wirklichkeit endete sie nie. Wer einmal Fräulein Camerons Schülerin gewesen war, der blieb für immer ihr Kind, das sie verschwenderisch schalt und spärlich lobte. Die Schwestern liebten, ehrten und fürchteten sie.

Auf Susys schüchternes Klopfen ertönte ein kurzes »Herein!« Sie trat ins Zimmer. Fräulein Cameron sah so grimmig aus wie ein Verkehrspolizist, der einen betrunkenen Autofahrer stellt. Doch als sie Susy erblickte, löste sich ihr strenger Mund zu einem Lächeln.

»Ach, Schwester Barden! Wie nett, daß Sie mich besuchen! Bitte nehmen Sie Platz.«

»Vielen Dank, Fräulein Cameron. Leider habe ich keine Zeit, länger zu bleiben. Ich helfe Schwester Halliday bei ihrem Umzug nach Haus Grafton und muß bald wieder zum Dienst. Da ich Ihre Tür offen stehen sah, dachte ich . . .«

Susy stockte eingeschüchtert unter dem prüfenden Blick, der sie musterte. Sie wußte, daß Fräulein Cameron nicht das Geringste entging.

Nun wurden die Augen der gestrengen Lehrerin weich.

»Nett, daß Sie daran dachten, bei mir hereinzuschauen. Was treiben Sie denn jetzt?«

»Ich arbeite auf Station 20, Fräulein Cameron, und werde wohl demnächst in den Operationssaal kommen.«

»Operationssaal? Schon?«

»Ich bin doch jetzt Seniorin, Fräulein Cameron, und . . .«

»Soso, Seniorin! Im Operationssaal werden Sie scharf aufpassen müssen. Das wird Ihnen guttun.« Sie machte eine kleine Pause. »Essen Sie auch genug?« Die Frage kam so plötzlich, daß Susy zusammenschrak.

»Ja, Fräulein Cameron.«

»Es sieht aber nicht so aus. Sie sind viel zu dünn. Ich werde mit der Schulverwaltung sprechen. Eine Extraverpflegung . . .«

»Aber ich bin wirklich ganz gesund«, beteuerte Susy.

»Die jungen Mädchen von heute geben nicht genügend auf sich acht, überhaupt nicht. Laufen da wie verhungerte weiße Mäuse umher . . .«

Plötzlich brach sie ab und starrte wie hypnotisiert auf den Saum von Susys Rock. »Kommt etwa Ihr Unterrock vor?«

Susy errötete und drehte den Kopf nach hinten. Sie wagte nicht zu gestehen, daß sie gar keinen Unterrock anhatte.

»Ich – ich glaube nicht, Fräulein Cameron.«

»Es kommt aber etwas vor! Sie dürfen Ihr Äußeres nicht vernachlässigen. Das können wir hier nicht dulden. So etwas sieht Ihnen eigentlich gar nicht ähnlich, Schwester Barden.«

»Es tut mir leid, Fräulein Cameron.«

Fräulein Cameron funkelte sie an. Dann sagte sie sanfter: »Ich will Sie nicht schelten, Kind. Zappeln Sie hier nicht herum. Wenn Sie gehen müssen, gehen Sie. Ich weiß, daß Sie viel zu tun haben. Auf Wiedersehen! Vergessen Sie nicht, sofort Ihren Unterrock festzumachen.«

»Nein, Fräulein Cameron«, stammelte Susy und floh aus dem Zimmer.

»Puh!« rief sie, als sie und ihre beiden Freundinnen sich außer Hörweite von Fräulein Camerons Zimmer befanden. »Ich verehre sie aufrichtig, aber es war wie der Besuch bei einem Maschinengewehr. Seht doch bitte mal nach, was unter meinem Rock vorguckt. Sie sagte, es wäre mein Unterrock, aber da ich gar keinen anhabe ..."

"Das geschieht dir ganz recht!" rief Kit schadenfroh. "Warum mußtest du auch zu ihr gehen? Du weißt doch genau, wie sie ist."

"Nichts zu sehen", berichtete Connie, die zurückgeblieben war, um Susys Rock zu prüfen.

"Was kann sie denn nur gesehen haben?"

"Weiß der Himmel!"

Die Mädchen rieten noch ein wenig hin und her. Aber dann vergaßen sie die rätselhafte Geschichte über ihren Bemühungen, Connies neues Zimmer in Haus Grafton gemütlich zu machen. Wahrscheinlich hätten sie überhaupt nicht mehr daran gedacht, wenn sie nicht einige Tage später im Kellergeschoß einer Probeschwester begegnet wären, die sich äußerst seltsam betrug.

Susy und Kit kamen von einer Unterrichtsstunde in Neurologie und gingen zum Haus Grafton. Sie hatten den Abkürzungsweg durch den Keller gewählt. Plötzlich tauchte aus einem Nebengang eine Probeschwester mit völlig verstörtem Gesichtsausdruck auf. Solch Gesicht war nichts Ungewöhnliches bei Probeschwestern, aber diese hier betrug sich immerhin sonderbar. Sie drehte dauernd ihren Kopf hin und her und versuchte anscheinend, ihren eigenen Rücken zu besehen, einmal von einer Seite und dann von der anderen. Diese gymnastischen Übungen nahmen sie so sehr in Anspruch, daß sie die beiden Schwestern überhaupt nicht bemerkte.

"He!" rief Kit. "Was soll das bedeuten? Ist es ein Spiel, oder wollen Sie abnehmen?"

Die Probeschwester fuhr zusammen. "Verzeihung", stotterte sie verwirrt. "Ich habe Sie gar nicht gesehen. Fräulein Cameron sagte, mir käme der Unterrock vor, aber ich sehe doch gar nichts."

"Er kommt nicht vor", sagte Susy beruhigend. "Wirklich nicht."

»Vielen Dank!« Die Probeschwester eilte davon. Die beiden Mädchen starrten ihr nach.

»Was soll das heißen?« fragte Susy.

»Weiß ich?« Kit zuckte die Achseln. »Vielleicht müßte Fräulein Cameron psychoanalytisch behandelt werden.«

»Aber warum gerade Unterröcke? Warum nicht rosa Elefanten an der Wand oder Gespenster, die sie verfolgen?«

»Hm. Über die Elefanten kann ich dir nichts sagen. Aber ein Gespenst würde Fräulein Cameron niemals zu verfolgen wagen, das versichere ich dir – nicht einmal nachts auf einem Friedhof, wo es von guten Freunden umgeben ist.«

Susy lachte. Plötzlich schlüpfte Kit durch eine Seitentür und rief: »Da kommt dein Held. Bis nachher!«

»Warte, Kit! Warum läufst du fort?«

Aber Kit war verschwunden. Susy ärgerte sich. Warum benahmen sich die Mädchen bloß immer so albern, wenn es sich um einen Mann handelte? Ihr Ärger verflog jedoch, als sie Dr. Barry sah, der mit schnellen Schritten auf sie zukam.

»Hallo, Susanne!« grüßte er herzlich. »Wo haben Sie nur so lange gesteckt?«

»Guten Tag, Bill!« Susy freute sich über die Begegnung. »Ich bin jetzt in der inneren Abteilung.«

Er lehnte sich an die Wand, die Hände in den Taschen seines weißen Kittels, und sah sie nachdenklich an.

»Ich finde, Sie machen sehr viel Dienst in der inneren Abteilung. Sie sind jetzt schon Seniorin. Müßten Sie nicht bald mit der Arbeit im Operationssaal beginnen?«

»Ja. Ich weiß noch nicht genau, wann ich drankomme. Wir sind so viele in unserer Klasse.«

»Hoffentlich recht bald«, sagte er. »Ich habe Sie sehr lange nicht gesehen. Sie haben mir gefehlt.«

Hastig wechselte sie das Thema. »Im Operationssaal werden Sie Fräulein Barden zu mir sagen müssen.«

»Ich denke gar nicht daran!« rief er lachend. »In keiner Abteilung des Krankenhauses geht es so unformell zu wie im Operationssaal. Ich werde Sie Susanne nennen, es sei denn, daß Sie ›he, Sie!‹ vorziehen. Das würde sich komisch anhören, nicht wahr?« Er machte es vor: »He, Sie!«

»Dann gefällt mir Susanne doch noch besser. Es klingt nicht so ungewöhnlich. Aber ich werde auf keine der beiden Anreden reagieren. Außerdem werde ich wahrscheinlich viel zu nervös sein, um Sie überhaupt zu bemerken.«

»Sie werden im Operationssaal nicht nervös sein. Ich hoffe, es wird Ihnen dort gefallen.«

»Ganz bestimmt. Ich freue mich auf die Arbeit. Wenn ich mich dazu eigne, will ich später Operationsschwester werden.«

»So? Sie sind wohl entschlossen, Karriere zu machen, wie?«

»Natürlich! Was dachten Sie...« Sie brach hastig ab und sah auf ihre Uhr. »Himmel! Ich muß zum Dienst, sonst bekommt Fräulein Martell einen Schlaganfall.« Einen Augenblick blieb sie unschlüssig stehen. Dann sagte sie mit Grabesstimme: »Leben Sie wohl, Bill!« Dabei warf sie ihm einen übermütigen Blick zu.

»Sie Schlingel!« rief er lachend. »Ich hätte die größte Lust, Sie ein bißchen zu schütteln.«

›Und er ist imstande, es zu tun‹, dachte Susy, als sie ein paar Sekunden später der weißgekleideten Gestalt nachblickte, die sich rasch entfernte. Plötzlich lachte sie hellauf.

»Aber er soll es lieber bleibenlassen«, sagte sie laut.

Aufruhr auf Station 20

Eigentlich war Toni, der griechische Wäscher, schuld daran. Tonis ständige Gemütsverfassung war, wie Susy einmal sagte, »ein unaufhörlicher Wutanfall«. Bereits an ihrem ersten Tag im Krankenhaus, als sie sich in den Kellergängen verirrt hatte, war sie mit Tonis Heftigkeit bekannt geworden. Damals hatte auch ihre Freundschaft mit

Bill begonnen. Wenn die beiden sich einmal trafen, und zufällig die massige Gestalt des Griechen mit dem Walroßgesicht irgendwo auftauchte, erinnerten sie sich lachend an ihre erste Begegnung und behaupteten, Toni sei an ihrer Bekanntschaft schuld. Und nun war es wieder einmal Toni.

Susy und Kit machten auf Station 20 Dienst, die zur inneren Frauenabteilung gehörte und in dem ältesten Gebäude des Krankenhauses untergebracht war. Die Krankensäle waren altmodisch und unpraktisch, aber Susy hatte sie gern. Die alten Kamine und die unebenen Fußböden wirkten gemütlich und anheimelnd. Efeu, der vor vielen Jahren gepflanzt worden war, kletterte über die Fenstersimse. Selbst das Sonnenlicht, das helle Vierecke auf braunes Linoleum und weiße Betten legte, schien aus längst vergangenen Zeiten zu stammen. Regentage auf Station 20 erinnerten Susy an Bodenkammern und verstaubte Koffer. Die geschäftigen Geräusche, die zu der Tagesarbeit gehörten – das Klirren der Teller in der Küche, das Rumpeln des Speiseaufzuges, das Rascheln frisch gewaschener Wäsche, die Stimmen der Patientinnen – all das schien hier gedämpfter zu klingen als in anderen Abteilungen des Krankenhauses.

Susy hätte sich vollkommen glücklich gefühlt, wäre nicht Fräulein Martell ihre Oberschwester gewesen. Die Oberschwestern, mit denen sie bisher zusammen gearbeitet hatte, waren tüchtige Frauen mit Humor und Phantasie gewesen. Sie hatte sich mit allen gut verstanden. Fräulein Waring, ihre erste Oberschwester, war noch immer ihre Freundin und Ratgeberin. Auch Fräulein Martell schien recht tüchtig zu sein; wenigstens verstand sie es, ihre Station in Ordnung zu halten. Aber ihr fehlte leider jeder Sinn für Humor, und ihre Phantasie nahm eine falsche Richtung. Sie war ein kleines, bläßliches Geschöpf, machte fast immer ein böses Gesicht und hatte an allem etwas auszusetzen, was die Schwestern auch tun oder sagen mochten. »Sie behandelt uns wie Raupen, und Raupen mag sie offenbar nicht leiden«, sagte Kit bitter.

In der Woche, als die Sache mit Toni passierte, hatte

Susy Wäschedienst. Zweimal am Tage – vormittags um halb elf und nachmittags um vier – mußte sie die Wäschesäcke entleeren und den Inhalt nach Trinkröhren, Sicherheitsnadeln, Gummitüchern und anderen Gegenständen durchsuchen, die nicht in einen Wäschesack gehörten. Einmal fand sie sogar einen Spülapparat, der in ein Laken verwickelt war. »Wie jemand das fertiggebracht hat, ist mir schleierhaft«, sagte sie zu Kit.

Nachdem die Wäsche durchsucht war, wurde sie wieder in die Säcke gestopft. Diese wurden oben zusammengebunden und mit einem Schildchen versehen, auf dem die Nummer der Station und der Name der Wäscheschwester standen.

In den neueren Gebäuden des Krankenhauses befanden sich Wäscheschläuche, durch welche die Säcke in den Keller befördert wurden. Aber in den alten Häusern gab es diese Einrichtung nicht. Um Zeit und Mühe zu ersparen, wurden die Säcke daher aus dem Fenster des Dienstzimmers geworfen, das aufs Treppenhaus hinausging. Sie fielen durch drei Stockwerke bis zum Kellergeschoß, wo Toni sie auf einen Handkarren lud und zur Wäscherei fuhr.

Toni war nicht der einzige Wäscher des Krankenhauses, aber er war der einzige, der Eindruck auf die Schwestern machte. Seit vielen Jahren arbeitete er schon hier, dauernd in einem Zustand grimmiger Wut. Sein mächtiger Kopf mit den kurzgeschnittenen schwarzen Haaren, dem geröteten Gesicht und dem struppigen Schnurrbart war nur allzu bekannt.

›Daß er noch lebt, ist mir ein Rätsel‹, dachte Susy an einem Vormittag, während sie die Wäsche durchsuchte. ›Bei seinem Leibesumfang dürfte er eigentlich nicht so heftig sein. Sein Blutdruck ist bestimmt himmelhoch.‹

»Beeilen Sie sich bitte!« sagte Fräulein Martell, die unbemerkt von Susy ins Dienstzimmer getreten war. »Es ist schon spät. Gleich wird Toni raufkommen und hier wütend herumtoben. Wie oft habe ich Ihnen gesagt, daß Sie die Wäsche rechtzeitig fertigmachen sollen, Schwester Barden!«

»Ich hatte ja schon damit begonnen, als Sie mich zur Apotheke schickten, Fräulein Martell«, entgegnete Susy. »Es tut mir leid, daß es dort so lange gedauert hat, aber ich konnte wirklich nichts dafür. Das Rezept war noch nicht fertig.«

»Ach, Sie haben immer eine Ausrede bereit, Schwester Barden.«

»Aber es war Ihre eigene ...« Susy biß sich auf die Lippen und schwieg.

»Was wollten Sie sagen, Schwester Barden?«

»Nichts, Fräulein Martell.«

Vor der Tür wurden Schritte laut. Fräulein Martell drehte sich hastig um und fragte scharf: »Was wollen Sie hier, Schwester van Dyke?«

»Ich ...« Kit war ganz verdattert. »Ich wollte einen Trinkhalm für Frau Finnegan holen.«

Fräulein Martells Augen wurden zu schmalen Schlitzen. »Das ist kein Grund, hier herumzuschleichen.« Ohne ein weiteres Wort stelzte sie davon.

»Was hat sie denn schon wieder?« fragte Kit mit großen Augen.

»Keine Ahnung. So schlimm war es schon lange nicht mehr mit ihr. Den letzten größeren Anfall hatte sie, als Helen Hanscom das Gebiß einer Patientin versehentlich in den Ausguß warf. Sie war überzeugt, Helen hätte es mit Absicht getan.«

»Ich glaube, Martell ist ein Opfer ihrer Einbildungen oder leidet an Verfolgungswahn.«

»So etwas wird es wohl sein. Aber was können wir dagegen tun?«

Die Mädchen fühlten sich an diesem Tag noch unbehaglicher als gewöhnlich. Das wollte viel heißen, denn sie waren niemals sicher, was sie von Fräulein Martells Launen zu erwarten hatten.

Einstweilen schien sich die Wut der Oberschwester jedoch ausgetobt zu haben. Der Vormittag und ein Teil des Nachmittags vergingen ohne weiteren Verdruß, doch Fräulein

Martell saß stocksteif an ihrem Pult und beobachtete mit scharfen Augen alles, was um sie her vorging; aber sie sagte nichts.

»Sie braucht kein einziges Wort zu sprechen«, sagte Helen zu Susy. »Ich werde schon kribbelig, wenn sie nur so dasitzt und mich mit ihren schrecklichen Augen verfolgt.«

»Ob die Schulleitung weiß, wie sie ist?«

»Das glaube ich kaum. Sonst würde man sie doch rauswerfen.«

Keins der Mädchen kam auf den Gedanken, daß es noch eine andere Möglichkeit geben könnte, daß nämlich die Schulleitung Fräulein Martells Eigenheiten sehr wohl kannte, ihr jedoch Zeit lassen wollte, sie abzulegen.

»Seien Sie auf der Hut, Barden«, fuhr Helen fort. »Auf Sie und Van hat sie es besonders abgesehen.«

»Was nützt es, auf der Hut zu sein?« erwiderte Susy niedergeschlagen. »Ich würde viel dafür geben, von hier fortzukommen.«

Die Schwestern ergriffen jede Gelegenheit, um ihrem Herzen Luft zu machen. Hatten sie im Saal zu tun, so schielten sie ängstlich zu Fräulein Martell hin.

»Das kann ich nicht mehr lange aushalten«, flüsterte Kit, als Susy mit einem Tablett an ihr vorbeiging. »Ich bin schon ganz hysterisch. Wenn sie nicht bald mit diesem Blick aufhört, fange ich zu schreien an.«

»Bilde dir nur nicht ein, daß du deswegen auf eine andere Station geschickt wirst.«

»Das brauchst du mir nicht erst zu sagen.«

Die Nachmittagsstunden vergingen. Einige Patienten mußten zu anderen Stationen gebracht werden. Neue Patienten wurden aufgenommen. Es war wieder ziemlich spät geworden, als Susy in den Dienstraum eilte, um die Wäschesäcke fertig zu machen. Vor Nervosität hatte sie eine Schüssel mit Seifenwasser auf einem Nachttisch stehenlassen, wo die Oberschwester sie sehen konnte. Fräulein Martell rügte es stets streng, wenn die Schwestern etwas herumliegen ließen. Das taten fast alle Oberschwestern, aber sie trieben es nicht auf die Spitze und ließen auch einmal fünf gerade sein.

Susy fand drei halbvolle Wäschesäcke auf einem Gestell neben dem Fenster des Dienstzimmers vor. Drei andere, die bereits voll waren, lehnten an der Wand. Sie entleerte zuerst die vollen, durchsuchte die Wäsche in fliegender Eile, stopfte sie wieder zurück und band die Säcke zu. Gerade begann sie mit den anderen Säcken, als sie ein ärgerliches Brummen auf der Treppe hörte.

Toni kam also bereits zur Station herauf. Kit, die in der Nähe der Saaltür ein Bett bezog, hörte das Brummen ebenfalls und eilte herzu.

»Ich werde dir helfen«, sagte sie grinsend und griff nach einem Sack.

Tonis schwere Schritte kamen näher. Sein heftiges Keuchen wurde lauter. Er murmelte mit heiserer Stimme Verwünschungen vor sich hin.

»Martell fährt aus der Haut, wenn er hier raufkommt.«

Susy hob einen Sack hoch und warf ihn aus dem Fenster. »Vielleicht geht er nun wieder zurück.«

Aber Toni war nicht mehr aufzuhalten. Sein Brummen ging in ein Brüllen über, als der Sack mit einem dumpfen Aufschlag im Kellergeschoß landete.

Susy lehnte sich aus dem Fenster und rief flehend: »Warten Sie doch, Toni! Wir werfen die Wäsche ja schon hinunter.«

Tonis Antwort bestand aus einem unverständlichen Geheul. Susy bebte innerlich. Hatte Fräulein Martell es gehört? Schon sah sie Toni im Overall die Treppe heraufschwanken, mit den dicken Armen rudernd, die kurzen schwarzen Haare auf dem runden Kopf gesträubt, die Schnurrbartenden vor Kampfeslust bebend.

Noch zwei weitere Säcke waren fertig, als Toni oben anlangte, durch den Korridor polterte und in das Dienstzimmer eindrang. Sein Gesicht war dunkelrot. Keuchend drohte er Susy mit der geballten Faust. Dann stürzte er sich wortlos auf die Wäschesäcke. Hastig riß er den letzten Sack, der noch gar nicht sortiert war, von dem Gestell, warf ihn zum Fenster hinaus und wandte sich dann den anderen zu, die an der Wand lehnten. Die Mädchen waren vollkommen hilflos.

Toni packte einen vollen Sack, und da dieser ungewöhnlich schwer war, schwang er ihn erst probeweise durch die Luft, um ihn so in festen Griff zu bekommen, während er den Mädchen etwas zukrächzte.

Da trat Fräulein Martell ins Zimmer. Ihr Gesicht war grimmig und vorwurfsvoll. In der Hand hatte sie die Schüssel mit Seifenwasser, die Susy im Saal stehengelassen hatte.

Es war das Werk eines einzigen Augenblicks. Der schwere Wäschesack traf die kleine Oberschwester mitten in seinem heftigen Schwung etwa in der Gegend des Zwerchfells und hob sie vom Boden hoch. Die Schüssel mit Seifenwasser flog an die Decke, kippte um und fiel zu Boden. Ihr Inhalt ergoß sich direkt auf Fräulein Martells Haube, und zwar genau in dem Moment, als sie sich unfreiwillig auf den Boden setzte.

Eine Minute lang herrschte entsetztes Schweigen. Toni quollen die Augen aus dem Kopf. Dann machte er einen großen Schritt über Fräulein Martells ausgestreckte Beine hinweg und floh.

Fräulein Martell schnappte keuchend nach Luft. Ihre Haube war flach zusammengedrückt. Wasser tropfte aus ihren Haaren, Seifenblasen rannen an ihrer weißen Tracht hinunter. Ihre Augen blickten glasig ins Leere.

Susy und Kit starrten sie wie betäubt an. Dann explodierte etwas in ihnen. Ihre Gesichter verzerrten sich. Die Spannung, die seit dem Morgen ständig zugenommen hatte, machte sich in einem krampfhaften Gelächter Luft. Es überfiel sie überraschend, sie waren vollkommen wehrlos. Unaufhaltsam sprudelte es in ihren Kehlen hoch. Ihre Hände machten unsinnige und kraftlose Bewegungen. Sie keuchten und schluckten, suchten aneinander Halt und sanken langsam zu Boden. Das Lachen schmerzte Susy in der

Brust. Sie konnte weder etwas sagen noch aufstehen und lehnte sich ohnmächtig an die bebende Kit.

Während dieses zügellosen Ausbruchs nahmen die beiden undeutlich wahr, daß Fräulein Martell wieder zu Atem kam, daß sich ihr bleiches Gesicht vor Zorn rötete.

»Stehen Sie auf!« schrie sie mit schriller Stimme. »Stehen Sie auf und helfen Sie mir!«

Die Mädchen sahen sie hilflos an, unfähig, sich zu rühren. Tränen liefen über ihre Wangen. Kit rang verzweifelt nach Atem. Susy öffnete den Mund, brachte jedoch keinen Ton hervor.

Fräulein Martell, die endlich wieder auf die Beine gekommen war, griff nach ihrer Haube. Ihre Finger berührten einen aufgeweichten Pfannkuchen. Als sich ihr Gesicht in rasender Wut verzerrte, war es endgültig mit der Fassung der beiden Mädchen vorbei.

Die kleine Oberschwester machte ohne ein weiteres Wort kehrt und ging zum Telefon.

Die Mädchen, die noch immer auf dem Boden saßen und vor Lachen wimmerten, hörten ihre vor Zorn bebende Stimme.

»Bitte die Schulleitung! Hier ist Station 20, Oberschwester Martell. Ich schicke Schwester Barden und Schwester van Dyke zu Ihnen hinunter. Ja, sofort. Wegen Unverschämtheit und Unbotmäßigkeit. Ja. Danke.«

Selbst diese bedrohliche Entwicklung der Dinge vermochte die beiden Mädchen nicht zu ernüchtern. Sie waren den Tränen näher, als sie ahnten – Tränen der Erregung, der Reue und der Furcht. Aber sie konnten nicht aufhören zu lachen. Der furchtbare Krampf, der sie ergriffen hatte, ließ nicht nach.

Mühsam versuchten sie sich aufzurichten. Als Fräulein Martell zurückkam, standen sie endlich wieder auf den Beinen.

»Es – es tut uns furchtbar leid«, stammelte Susy. »Wir wollten nicht – wirklich nicht . . .«

»Gehen Sie sofort zur Schulleitung! Beide!«

»Ja, Fräulein Martell«, sagte Susy schluckend. Dann brach sie wider Willen erneut in lautes Gelächter aus.

Auf dem Weg zur Schulleitung über Treppen und Korridore versuchten die Mädchen vergebens, gegen den Lachkrampf anzukämpfen. Sie taumelten mit verzerrten Gesichtern und wanden sich wie Schlangen.

Am Eingang zu der großen Halle des Verwaltungsgebäudes blieben sie stehen und lehnten sich an die Wand.

Die Telefonistin wurde von ihrem Gelächter angesteckt. »Was gibt's denn Lustiges?« fragte sie.

»Ach, es ist gar nichts Lustiges«, wimmerte Susy.

»Ach so. Ihr macht wohl Generalprobe für ein Begräbnis.«

»So ist es«, antwortete Kit schwach. »Was sollen wir bloß tun, Susy?«

Susy gab sich einen Ruck. »Dort auf die Tür sehen – nur eine Minute lang. Der Anblick muß uns einfach ernüchtern.«

Das tat er denn auch, denn die Tür, auf die Susy zeigte, führte zur Schulleitung. Während die Mädchen ihre Augen darauf gerichtet hielten, versuchten sie sich vorzustellen, was mit ihnen geschehen würde, wenn sie die Schwelle übertreten hatten. Das wirkte sehr schnell.

»Ich bin bereit«, sagte Kit. »Du auch?«

»Ich glaube ja. Komm! Ohren steif!«

Ernst und gefaßt durchquerten sie die hohe Halle und gingen auf die verhängnisvolle Tür zu.

»Natürlich sind die Inspektorinnen vollzählig versammelt«, sagte Kit leise. »Wie sollte es auch anders sein?«

Vier eisige Augenpaare empfingen die beiden, glitten über ihre Kleidung und kehrten dann wieder zu ihren Gesichtern zurück. Susy sah zu Fräulein Mason, der stellvertretenden Vorsteherin, hin, die wegen ihrer Güte und ihres Verständnisses beliebt war. Fräulein Mason erwiderte ihren Blick, daß es ihr kalt über den Rücken lief.

»Erklären Sie uns bitte, was sich zugetragen hat.«

Einen Augenblick herrschte Schweigen. Die vier Inspektorinnen saßen reglos hinter ihren Schreibtischen und warteten. Dann ergriff Kit das Wort.

»Es tut uns sehr leid, Fräulein Mason. Wir hatten nicht die Absicht« – ein leichtes Zittern bebte in ihrer Stimme – »unbotmäßig oder – unverschämt zu sein. Es war ein unglückseliges Verhängnis.«

»So?« Fräulein Masons Stimme klang unheimlich ruhig.

»Es kam alles ganz plötzlich«, fiel Susy ein. »Toni, der griechische Wäscher...« Und dann erzählte sie den ganzen Hergang, ein wenig zögernd manchmal, aber vollkommen wahrheitsgetreu, ohne jedoch etwas davon zu erwähnen, wie Fräulein Martell sie den ganzen Tag über gequält hatte. Wenn die scharfen und geübten Augen der Inspektorinnen Zeichen verborgener Hysterie bei den Mädchen entdeckten, so ließen sie sich jedenfalls nichts davon anmerken. Als Susy beschrieb, wie Fräulein Martell nach dem durchweichten Pfannkuchen gegriffen hatte, der einmal ihre Haube gewesen war, kam ein leiser würgender Ton von der jüngsten Inspektorin, der sich jedoch schnell in Husten verwandelte. Fräulein Masons Lippen bebten unmerklich, bildeten aber sofort wieder eine strenge Linie. Ihre Augen, die auf Susys Gesicht gerichtet gewesen waren, senkten sich. Als sie wieder aufsah, waren sie ohne jeden Ausdruck. Susy beendete ihren Bericht. »Als Fräulein Martell uns bat, ihr zu helfen, konnten wir nicht aufstehen. Glauben Sie uns bitte, Fräulein Mason, wir waren einfach nicht fähig dazu. Es – es war schrecklich – und es tut uns sehr leid. Nie im Leben hätten wir uns absichtlich so benommen.«

Wieder entstand ein Schweigen.

Dann sagte Fräulein Mason leise: »Es ist wohl besser, Sie beide zu trennen. Melden Sie sich sofort auf Station 8 zum Dienst, Schwester Barden. Vorher gehen Sie aber noch einmal zur Station 20 zurück und entschuldigen sich bei Fräulein Martell.« Sie wandte sich zu Kit. »Sie natürlich auch, Schwester van Dyke. Und dann gehen Sie zur Station 19. Sagen Sie Fräulein Martell, daß ich ihr sofort zwei andere Schwestern schicken werde. Ich bedaure es, daß ich gezwungen bin, zwei Seniorinnen wegen kindischen Verhaltens von einer Station zu entfernen, und ich hoffe, daß so etwas nicht mehr vorkommt, solange Sie in der Schule sind. Verstanden?«

»Ja, Fräulein Mason.«

»Gut. Sie können gehen.«

»Danke, Fräulein Mason.«

Die Mädchen verließen das Zimmer und durchquerten die Halle. Als sie den Korridor erreichten, glaubte Susy, unterdrücktes Gelächter hinter sich zu hören. Sie hielt es jedoch für möglich, daß sie sich geirrt hatte. Jedenfalls verebbte es sofort wieder.

Kit vollführte ein paar Tanzschritte und lachte befreit.

»War Mason nicht süß? Ich glaube, sie erriet alles, was wir ihr nicht erzählten.«

»Natürlich.«

»Sind wir nun in Ungnade oder nicht?«

»Selbstverständlich sind wir. Aber wir sind auch Martell los.«

»Hurra! Das hat Oma Mason fein gemacht!«

Endlich im Operationssaal

Durch ihre Versetzung nach Station 8 wurde Susy wieder in die rätselhafte Geschichte mit den Unterröcken verwickelt. Aber das kam erst später. Bevor diese sonderbare Sache einige Bedeutung erlangte, ereignete sich noch allerlei anderes.

Susy gefiel es gut auf Station 8, obwohl sie es dort viel schwerer hatte als auf Station 20, denn die meisten Patienten waren sehr krank. Fräulein Hendrick, die energische und gesprächige Oberschwester, begrüßte Susy herzlich und ließ ihr dann vollständig freie Hand bei der Arbeit.

›Nichts nimmt einen so völlig in Anspruch‹, dachte Susy,

›wie ein schwerkranker Mensch.‹ Er brauchte einfach alles, was man geben konnte – Geschicklichkeit, unerschöpfliches Mitgefühl und Verständnis. Susy liebte den langen Krankensaal mit den vielen weißen Türen, die kleine blitzblanke Küche und die Geschäftigkeit, die überall herrschte. Vor allem aber liebte sie die Patienten. Sie bedauerte sie wegen ihrer Hilflosigkeit und freute sich über ihre fortschreitende Genesung.

›Ich würde mich nicht zur Privatpflege eignen‹, dachte sie mehr als einmal. ›Ein einziger Patient genügt mir nicht. Ich will viele um mich herum haben und eine Menge Dinge, mit denen ich schalten und walten kann.‹

So vergingen einige Tage in befriedigender Tätigkeit. Nur der Gedanke an den Operationssaal beunruhigte Susys inneres Gleichmaß ein wenig. Es ging nämlich das Gerücht um, daß in Kürze einige der neuen Seniorinnen dorthin geschickt werden sollten.

Während Susy Betten machte, Medizinen eingab und Fieber maß, träumte sie unaufhörlich von dem bevorstehenden Erlebnis. Sie wollte die beste Operationsschwester werden, die es je gegeben hatte, nahm sie sich vor. Gewiß, auch Kit und Connie ... Aber hier riß ihr Traum jedesmal ab, denn zum erstenmal paßte Connie nicht in das Bild.

Es war nur natürlich, daß ein phantasiebegabtes und empfindsames Mädchen wie Connie sich davor scheute, einer Operation beizuwohnen. Die meisten Mädchen waren nervös, wenn sie zum erstenmal in den Operationssaal kamen, überwanden ihre Nervosität jedoch gewöhnlich sehr bald. Schwerer war es für diejenigen, die Furcht hatten. Aber Connies Fall lag noch etwas anders.

Seit der Unterhaltung auf dem Dach von Haus Brewster, bei der Connie ihre Angst offen eingestanden hatte, war das Thema mit keinem Wort mehr von ihr berührt worden. Und wenn Connie ungewöhnlich schweigsam war, quälte sie sich mit einem Problem.

›Sie darf im Operationssaal nicht versagen‹, dachte

Susy. ›Sonst werden die anderen Schwestern wieder behaupten, daß die Tochter eines Millionärs nicht zur Krankenschwester tauge. Sie hätten es ja von Anfang an gesagt, und wenn es wirklich darauf ankäme, dann schaffte sie es eben doch nicht.‹ Als wenn zwei Jahre anerkannt guter Arbeit kein Beweis dafür wären, daß sie in Ordnung war! Und Connie war so zartbesaitet. Es würde sie empfindlich kränken, wenn die anderen Schwestern sie fühlen ließen, wie sie über sie dachten.

Connies Angst vor Operationen mußte geheimgehalten werden, bis sie darüber hinweg war. Aber wie? Susy wußte keinen Rat.

Eines Tages suchte sie im Wäschezimmer neue Laken heraus, als das Telefon läutete. Bevor sie Zeit fand, die Wäsche aus der Hand zu legen, hörte sie, wie die Oberschwester sich am Apparat meldete. »Station 8, Oberschwester Hendrick. Gewiß. Sofort.« Der Hörer wurde wieder hingelegt.

Fräulein Hendrick kam ins Wäschezimmer. »Ach, da sind Sie ja, Schwester Barden! Die Schulleitung hat soeben angerufen. Ich werde Sie leider verlieren. Das ist sehr schade. Ich hatte beabsichtigt...«

Susy legte die Laken auf den Tisch.

»Man will mir eine andere Schwester für Sie schicken«, fuhr Fräulein Hendrick fort. »Warum werden solche Wechsel nicht am Nachmittag vorgenommen? Nun, in Ihrem Fall ging es wohl nicht anders. Aber man hätte die andere Schwester doch wenigstens schon gestern nachmittag herschicken können, damit sie sich ein wenig einarbeitete. Nun kommt sie erst am Morgen, wo die Arbeit immer so drängt...«

»Entschuldigen Sie bitte, Fräulein Hendrick«, unterbrach Susy ihren Redestrom. »Sie haben mir noch gar nicht gesagt, wohin ich gehen soll.«

»Ach herrje! Wirklich nicht? Sie sollen sich sofort in der Operationsabteilung melden.«

»In der Operationsabteilung?« Susy stockte das Herz.

»Ja. Im übrigen machen Sie auch weiterhin hier Dienst. Aber Sie werden sicherlich erst am Nachmittag zurückkommen, gerade früh genug, um noch die abendlichen Temperaturen messen zu können.« Die Oberschwester machte eine Pause und sah Susy lächelnd an. »Aber was schwatze ich denn? Sie müssen jetzt gehen. Viel Glück, Schwester Barden!«

»Danke.« Susy eilte durch den Korridor zur Treppe. Ihre Hände fühlten sich feucht an, und sie hatte ein beklemmendes Gefühl in der Magengegend. Aber ihr Gang war leicht und sicher, als sie durch den alten Korridor ging, der zur Operationsabteilung führte. Endlich war der Tag gekommen, den sie so lange und so sehnlich erwartet hatte. Vielleicht würde sie mit Kit zusammen sein und – mit Connie. Unwillkürlich beschleunigte sie ihre Schritte. Sie mußte Connie beistehen.

Als sie in einen spärlich erleuchteten Nebengang einbog, glänzte plötzlich die messingbeschlagene Tür vor ihr, die zur Operationsabteilung führte.

Susy blieb mit einem Ruck stehen. Nach kurzem Zögern schob sie die Tür energisch auf. Sie glaubte, in eine Winterlandschaft zu blicken. Ein Gewirr schneeweißer Korridore mit weiß gekachelten Durchgängen tat sich vor ihr auf. Eine Welle heißer Luft, von Ätherdünsten und dem Geruch heißer Baumwolle gesättigt, schlug ihr entgegen.

Sie schluckte ein Stechen im Hals hinunter, unterdrückte das Bedürfnis zu niesen und ging tapfer weiter. Sie gab sich Mühe, gleichmütig zu erscheinen, denn am Ende des weißen Korridorschlauchs standen drei vertraute Gestalten und sahen ihr entgegen. Ein Arm hob sich grüßend. Susy winkte zurück.

Die neuen Operationsschwestern standen verlegen neben dem Schreibtisch der Inspektorin der Operationsabteilung. Es waren Connie, Hilda Grayson und Luise Wilmont. Susy stöhnte innerlich, als sie Luise sah. Zwei Monate lang würde sie Willi ertragen müssen, Willi mit der langen Nase, den vorgezogenen Lippen und dem selbstgerechten

Wesen. Sie würde bestimmt eine gute Operationsschwester sein.

Hilda dagegen war ein erprobter Kamerad. Sie hatte zwar das Pulver nicht erfunden, aber es ließ sich mit ihr gut zusammenarbeiten.

»Hallo!« grüßten die drei im Chor.

»Hallo!« erwiderte Susy. »Na, da sind wir! Ich wette, keinem von euch fällt eine treffendere Bemerkung ein.« Sie lachte, warf jedoch gleichzeitig einen besorgten Blick auf Connie, die immerhin gefaßt aussah, doch sehr bleiche Lippen hatte. Susy legte eine Hand auf ihre Schulter. »Bei wem muß ich mich melden?« fragte sie Luise in herausforderndem Tonfall.

Diesmal ließ Luise die Frage der Grammatik auf sich beruhen. »Bei der Inspektorin Fräulein Lee. Sie ist abgerufen worden. Wir sollen hier auf sie warten.«

»Danke.« Susy wandte sich zu Connie. »Wo ist denn Kit?«

»Sie kommt nicht«, antwortete Connie leise. »Wir sind nur vier.«

»Na, man kann nicht alles verlangen«, erwiderte Susy. Sie dachte: ›Connie hat schreckliche Angst. Was soll ich nur tun – ohne Kits Hilfe? Hier im Beisein der anderen kann ich nicht offen mit ihr reden.‹

Es entstand ein Schweigen. Die vier Mädchen sahen sich aufmerksam um und versuchten, sich in ihre neue Umgebung hineinzufinden. Susy war erwartungsvoll und gespannt, Connie bleich und ergeben, Hilda von ehrfürchtiger Scheu ergriffen. Nur Luise schien vollkommen selbstsicher zu sein. ›Aber sie macht uns etwas vor‹, dachte Susy, während sie verstohlen Willis Gesicht musterte. ›Ihr Ausdruck ist allzu erhaben, um echt zu sein.‹

Die kleine Halle, in der die Mädchen warteten, war der Mittelpunkt des gewaltigen weißen Labyrinths, gewissermaßen das Herz, von dem unaufhörlich ein Strom geschäftiger Energien ausging. Schwestern in Operationskitteln und klösterlichen Hauben huschten über den weißen Mosaikboden. Braun gekleidete Krankenpfleger kamen und gingen. Assistenzärzte erschienen aus Türen, hinter denen Wasser lief und Dampf zischte.

›Wie interessant das alles ist!‹ dachte Susy. ›Ich verstehe nicht, warum Connie sich fürchtet. Sie muß die Angst überwinden.‹

Connie sah unterdessen mit entsetzten Augen einer Schwester nach, die einen Narkoseapparat hinter sich herzog.

Trotz ihrer Sorge um Connie wanderten Susys Gedanken zu Bill. Sie versuchte sich vorzustellen, wie er in diesen Räumen wirkte. Dies hier war seine Welt. Hier galt er etwas. Ob er wußte, daß sie heute zur Operationsabteilung abkommandiert worden war? Seit langem hatte er sehnsüchtig auf diesen Tag gewartet. Das wußte sie. Er wollte ihr zeigen, wie tüchtig er war. Der gute Bill! Susy lächelte. Wenn er sie nur nicht drängen wollte! Vielleicht... Es war eigentlich sonderbar: Er sagte oder tat überhaupt nichts, um sie zu einem Entgegenkommen zu bewegen. Und doch spürte sie ganz stark sein gespanntes Warten.

Zwei Assistenzärzte blieben neben dem Pult stehen, machten grinsend ein paar spöttische Bemerkungen über die neuen Operationsschwestern und gingen dann weiter. Susy, die sich schuldbewußt aus ihren abschweifenden Gedanken riß, bemerkte erleichtert, daß die lustige Frechheit der jungen Ärzte Connie von sich selbst abgelenkt hatte. Und nun schlenderte der elegante blonde Senior-Assistenzarzt Dr. Georg Alexander Lamson herbei, der allen jungen hübschen Schwestern herausfordernde Blicke zuzuwerfen pflegte und älteren oder weniger hübschen gegenüber schmeichelhafte Liebenswürdigkeit an den Tag legte.

»Huch!« murmelte Connie mit ganz natürlicher Stimme. »Nimmt er an dem Kursus teil, oder ist er eine Sondernummer?«

»Sondernummer«, antwortete Susy leise. »Von der Leitung des Unternehmens mit erheblichem Kostenaufwand extra aus dem Ausland bestellt.«

Dr. Lamson lächelte die verwirrte Hilda unverschämt an, pustete bei Luises Anblick, klopfte Connie wohlwollend auf die Schulter und trat dann einen Schritt zurück, um Susy etwas genauer zu mustern.

»Hm, hm, hm!« Seine Augen verdunkelten sich.

Susy lachte. »Gehen Sie fort! Ich habe Angst vor Ihnen.«

Nun kam die Inspektorin Lee auf die kleine Gruppe zu. »Hinweg mit Ihnen, Georg!« sagte sie liebenswürdig, aber fest. »Wir können Sie jetzt nicht brauchen.« Und dann zu den Mädchen gewandt: »Beachten Sie ihn nicht, sonst verfolgt er uns wie einen Bienenschwarm.«

»Sie schmeicheln mir«, entgegnete Dr. Lamson. Da rief eine männliche Stimme aus der Ferne: »He, Lamson!« Er ging eilig davon, sah sich jedoch noch einmal um und warf Susy einen schmachtenden Blick zu.

Fräulein Lee nahm ein Blatt Papier vom Schreibtisch. »Ich bin in einer Minute wieder hier«, sagte sie und eilte fort. Sie war jung, anziehend und unglaublich ruhig.

Luise sah ihr mißbilligend nach. »Hier geht es ja recht gemütlich zu, das muß ich sagen!«

»Sie könnten Fräulein Lee ja ein paar Verbesserungen vorschlagen«, meinte Susy spöttisch. »Vielleicht wird es dann ungemütlicher.«

Luise unterdrückte eine Erwiderung, denn in diesem Augenblick kam eine Operationsschwester mit besorgtem Gesichtsausdruck auf die Neuen zu.

»War Dr. Lamson nicht eben hier?« fragte sie atemlos.

»Ja, er war hier«, antwortete Susy.

»Ach, könnte vielleicht eine von Ihnen nach ihm suchen und ihn fragen, wo die Halsaderpresse geblieben ist? Sie wird für die Schilddrüsenoperation gebraucht.«

»Ich werde es tun«, erbot sich Luise eifrig.

»Vielen Dank. Beeilen Sie sich bitte!«

Susy schluckte, und Connies Lippen bebten unmerklich. Luise bedachte jede von ihnen mit einem verweisenden Blick, bevor sie davonlief. Die Operationsschwester grinste und zog sich zurück.

»Was soll das bedeuten?« fragte Hilda verwirrt.

»Schsch! Es ist ein alter Witz. Damit versuchen sie die Neulinge hereinzulegen.«

»Aber ...«

»Denken Sie mal ein wenig nach, Hilda.« In Connies Gesicht kam wieder etwas Farbe, während sie sprach. »Was würde geschehen, wenn Sie einem Patienten eine Aderpresse um den Hals legten und sie fest anzögen?«

»Ach so!« Hilda ging ein Licht auf. »Er würde eingehen. Es gibt überhaupt keine Halsaderpresse. Das muß doch jeder sofort durchschauen.«

Susy blieb ernst. »Sie vielleicht, aber viele andere anscheinend nicht. Sonst würde man hier doch nicht immer wieder denselben Ulk machen.«

»Was wird nun geschehen?«

»Ich weiß nicht«, antwortete Connie. »Warten wir es ab.«

Sie warteten voller Spannung. Connie schien wieder ganz die alte zu sein. Der Scherz hatte ihr Gemüt beruhigt. Plötzlich tauchte Luise wieder auf. Dr. Lamson guckte unverschämt um eine Ecke.

»Er glaubt, der Pfleger hätte sie genommen«, rief Luise aufgeregt und lief an den Mädchen vorüber.

Die drei beobachteten, wie sie von dem Krankenpfleger zurückkehrte und in ein Sterilisationszimmer lief, wie sie wieder herausstürzte und auf eine Narkoseschwester einredete, die sich nur mit Mühe das Lachen verbeißen konnte. Dann verschwand sie durch eine andere Tür.

»Hört mal«, sagte Connie plötzlich. »Ich finde, wir benehmen uns gemein. Willi ist im Grunde kein schlechter Kerl. Wir sind schließlich ebenso neu hier wie sie. Ich kann es nicht länger mit ansehen, wie alle sich über sie lustig machen. Ich werde sie aufklären.«

Connie ging entschlossen auf die Tür zu, durch die Luise gegangen war, und verschwand dahinter. Im nächsten Augenblick kam sie jedoch ganz entsetzt wieder herausgestürzt. Ihr Gesicht war weiß wie die Wand.

»Da drin – wird jemand operiert!« keuchte sie.

»Connie!« Susys Stimme war scharf. »Nimm dich zusammen! Du mußt, hörst du?«

Connie hielt sich an Fräulein Lees Pult fest und schloß für einen Moment die Augen. »Alles in Ordnung«, sagte sie dann leise. »Hab keine Angst. Ich werde mich wieder fangen.«

Susy wandte sich zu Hilda, die Connie mit weit aufgerissenen Augen anstarrte. »Hilda! Daß Sie kein Wort davon weitererzählen! Es hat nichts zu sagen. Connie fühlte sich in den letzten Tagen nicht ganz wohl.«

»Schon gut. Ich würde niemals . . .«

Sie wurde durch Luise unterbrochen, die mit schamrotem Gesicht angestelzt kam. »Sie wußten es die ganze Zeit über!« sagte sie böse. »Warum haben Sie mir nichts gesagt? Dies ist kein Ort für alberne Scherze. Was ist denn mit Ihnen los, Halliday?«

Susy hielt den Atem an.

»Nichts«, antwortete Connie ruhig.

Susy atmete wieder.

»An einem anderen Ort hätte ich die Sache natürlich sofort durchschaut«, fuhr Luise fort. »Aber ich glaubte nicht, daß hier . . .«

»Seid ihr bereit, Mädchen?« fragte Fräulein Lee, die gerade zurückkehrte. »Dann können wir mit unserem Rundgang beginnen.«

Die vier folgten ihr durch weiße Korridore, in zischende Sterilisationsräume mit dem scharfen Geruch von erhitztem Stoff, durch das Instrumentenzimmer mit den vielen Glasschränken an der Wand, in kleine Narkosezimmer mit ihrem süßlichen erstickenden Geruch.

Fräulein Lee erklärte, zeigte hierhin und dorthin, schärfte den Mädchen ein, sich dieses oder jenes zu merken. Als sie alle Nebenzimmer, die zu einem Operationssaal gehören, besichtigt hatten, sagte sie: »Und nun werden wir durch einige Operationsräume gehen.«

Susy sah zu Connie hin. Sie war immer noch sehr bleich,

hatte sich jedoch offenbar etwas erholt. Vielleicht ging noch alles gut. Hoffentlich führte Fräulein Lee sie nicht gerade durch den Raum, aus dem Connie so überstürzt geflohen war.

Aber die Inspektorin zeigte ihren Schützlingen nur einige verlassene Operationssäle. Einer sah genau so aus wie der andere. Alle waren blendend weiß, sehr sauber und ordentlich. Fräulein Lee machte die Mädchen auf verschiedenes aufmerksam. Susys Sorge um Connie ließ allmählich nach. Sie atmete erleichtert auf, als Fräulein Lee sagte, daß sie jetzt nicht durch alle Räume zu gehen brauchten. Die Einrichtung wäre überall die gleiche, und sie hätten nicht mehr viel Zeit. Die Mädchen müßten sich vor allem noch ansehen, wie die verschiedenen Gegenstände auf dem Tisch einer Operationsschwester zu ordnen seien.

»Ich werde Sie jetzt der Obhut der Oberschwester, Fräulein Lester, übergeben, die Ihnen die Pflichten einer Operationsschwester erklären wird. Außer dem Herrichten der Tische werden Sie heute nicht viel lernen. Wenn Fräulein Lester Ihnen alles Nötige gesagt hat, werden Sie einer Blinddarmoperation beiwohnen. Dann gehen Sie wieder zu Ihren Stationen zurück.«

Sie sollten einer Blinddarmoperation beiwohnen! Ein Schauder überlief Susys Rücken. Nun mußte Connie aushalten. Es gab kein Entrinnen mehr. ›Was soll ich bloß mit ihr machen?‹ dachte Susy verzweifelt. Sie konnte gar nichts tun, niemand konnte etwas tun. Connie mußte es allein durchstehen. Sie war immer furchtlos und tapfer gewesen. Jetzt, im entscheidenden Moment, durfte sie nicht versagen.

Susy hörte nur mit halbem Ohr auf das, was Fräulein Lester sagte. Sie hatte in den beiden Jahren ihrer Lehrzeit im Krankenhaus gelernt, sich zu konzentrieren, und folgte dem Vortrag trotz ihrer Sorge um Connie. Fräulein Lester erklärte, daß sie den Hergang jeder Operation genau kennen müßten, so daß sie bereits im voraus wüßten, was der Chirurg in jedem Augenblick brauche; daß sie nur zu dem operierenden Arzt sprechen dürften, wenn er sie ansprach, daß Nadeln, Faden, Klemmer und Gazetupfer auf dem Tisch der Operationsschwester immer in derselben Weise angeordnet wären. Auf diese Weise konnte sich jede Schwester auf dem Tisch zurechtfinden und ihn notfalls jederzeit von einer anderen übernehmen.

Während die Oberschwester in ihrem Vortrag fortfuhr, merkte sich Susy mechanisch, was sie wissen mußte. Dabei kreisten ihre Gedanken unaufhörlich um Connie. Connie durfte hier nicht versagen. Sie war imstande, das Krankenhaus zu verlassen, wenn sie sich beim Operieren als untauglich erweisen sollte. Und das Krankenhaus bedeutete Connie mehr als den meisten anderen Mädchen. Es war einfach lebensnotwendig für sie, eine Aufgabe, für die es sich zu arbeiten lohnte, in der sie voll und ganz aufging. Wenn sie nun ein Gefühl der eigenen Unzulänglichkeit hatte ... ›Nein, nein!‹ stöhnte Susy innerlich. ›Das darf nicht sein, Connie!‹

Eine Tür hinter ihnen wurde geöffnet. Eine Schwester teilte mit, daß die Blinddarmoperation sogleich beginnen werde. Fräulein Lester erhob sich und forderte die Mädchen auf, ihr zu folgen. Schweigend machten sie sich auf den Weg. Connies Lippen bebten, als sie den Operationssaal betraten und auf den kleinen, mit einem Messinggeländer versehenen Beobachtungsstand kletterten. Ihre Augen waren unnatürlich groß. Susy faßte ihre Hand, die eiskalt war.

»Connie!« flüsterte sie. »Nimm dich doch zusammen!«

Sie erhielt keine Antwort.

An Susys anderer Seite saßen Hilda und Luise steif auf den Kanten ihrer Stühle.

Nun erschienen zwei Operationsschwestern an der Tür und rollten ihre mit Tüchern zugedeckten Tische in den Saal. Ein Krankenpfleger folgte mit dem fahrbaren Bett, auf dem tief schlafend der Patient lag. Daneben ging die Narkoseschwester mit dem Narkoseapparat.

»Nervös, Susy?« fragte Hilda flüsternd.

»Nein. Sie?«

»Ach wo! Ich war schon ein paarmal hier unten.«

Connie saß da, als wäre sie aus Stein gehauen.

Ein Assistenzarzt trat ein und schob seinen Tisch mit den Instrumenten zurecht. Und dann kam die große Gestalt des Chirurgen mit schnellen Schritten in den Saal. Von seinen nackten Armen tropfte Seifenwasser. Es war Bill Barry.

Als er Susys Blick begegnete, durchfuhr ihn ein kaum merklicher Ruck. Er wandte sich um und tauchte seine Hände in eine Schüssel mit Alkohol. Fräulein Lee beeilte sich, ihm in den Mantel zu helfen. Eine Schwester hielt seine Gummihandschuhe bereit. Der Krankenpfleger band ihm die Maske um. Was diese Menschen taten, waren alltägliche Handreichungen. Aber die Art, wie sie es taten, beeindruckte Susy mehr als alles, was Bill hätte sagen oder tun können. ›Es ist fast, als gehöre er zum Stab‹, dachte sie. ›Ich wußte gar nicht, daß er eine so wichtige Persönlichkeit ist.‹

Dr. Barry blickte zu den grauweißen Trachten auf dem Beobachtungsstand empor.

»Wie hübsch!« sagte er liebenswürdig, während seine Augen über der Maske unmerklich zwinkerten. »Vier neue Schwestern als Zuschauer.« Er wandte sich der Narkoseschwester zu. »Alles in Ordnung?«

»Ja, Dr. Barry.«

Die Operationsschwestern hatten den Unterleib des Patienten mit sterilen Tüchern zugedeckt. Nur ein kleines Viereck bräunlicher, mit Jod bepinselter Haut war sichtbar. Dr. Barry nahm das glitzernde Messer in die Hand.

Connies Hände krampften sich um das Messinggeländer. Sie stöhnte leise. Susy rückte näher an sie heran, bis ihre Schultern sich berührten.

Die Hand mit dem Gummihandschuh machte eine rasche sichere Bewegung. Auf dem braunen Hautfleck erschien eine fadendünne weiße Linie. Susy erwartete, daß die Tücher sich rot färben würden, und drückte ihre Schulter fester gegen Connie. Aber kein roter Fleck wurde sichtbar.

Die Hände in den Handschuhen hatten Äderchen und Arterien rasch und geschickt mit Klammern abgeschnürt.

Dr. Barry begann zu erklären, was er machte. Wenn er schwieg und die Augen gespannt auf seine Arbeit gerichtet hielt, sprach Fräulein Lester leise zu den Mädchen und machte sie auf die Tätigkeit der Operationsschwestern aufmerksam.

»Nun nehme ich Karbolsäure zum Ätzen«, sagte Dr. Barry. Susy fühlte eine Bewegung an ihrer Schulter und wandte den Kopf. Connie schwankte auf ihrem Sitz. Ihre Augen waren geschlossen, die Lippen blau.

Susy umklammerte den Arm neben ihr mit eisernem Griff. Es war ein grausamer und schmerzhafter Griff, aber er brachte Connie zur Besinnung. Ihre krampfhaft geschlossenen Lippen öffneten sich ein wenig. Sie atmete schwer.

Als Dr. Barry zu dem Stand hinaufsah, las er ein verzweifeltes Flehen in Susys Augen. Sein Blick glitt zu Connie. Fräulein Lester beobachtete die Operation und hatte Connies Zustand gar nicht bemerkt. Dr. Barry zögerte einen Augenblick. Dann sagte er laut: »Ach, Schwester Halliday, Sie sitzen gerade dort neben dem Bord. Würden Sie mir bitte die Dose mit dem Katgut herbringen? Mit diesem Zeug hier kann man ja einen Dampfer vertäuen.« Die Operationsschwestern hoben erstaunt die Köpfe. Da sie aber an allerlei Grillen bei Chirurgen gewöhnt waren, wandten sie sich sogleich wieder ihrer Arbeit zu. Fräulein Lester gefiel es offenbar, daß Dr. Barry eine der neuen Schwestern zu einer Hilfeleistung heranzog. Sie machte keinerlei Anstalten, die Dose selbst zu holen, und lächelte dem jungen Chirurgen zu.

Susy ließ Connies Arm los. Diese stand mühsam auf, suchte zwischen den Dosen umher und ergriff Gott sei Dank die richtige. Dann ging sie langsam die Stufen hinunter, die Dose unsicher in der Hand haltend.

»Bringen Sie sie bitte hierher«, sagte Dr. Barry. »Nun nehmen Sie den Deckel ab. So ist's recht.« Er tauschte einen Blick mit Fräulein Lester, einen Blick des gegenseitigen Verstehens zwischen zwei Lehrern. »Danke, Schwester Halliday.« Nun tauchte er seine Pinzette in die Dose und nahm zwei Rollen Katgut heraus. Eine fiel, anscheinend versehentlich, auf die Erde. »Entschuldigung!« murmelte er. »Legen Sie die Rolle bitte auf das Bord. Sie kann noch einmal sterilisiert werden.«

Connie bückte sich und tastete mit blinden Augen auf dem Boden umher. Die Farbe kehrte in ihr Gesicht zurück. Als sie sich aufrichtete, hatten ihre Augen den leeren Ausdruck verloren und blickten wieder normal. Susy sprach innerlich einen Segen über Bill. Wie schnell er alles begriffen und das einzig Richtige getan hatte! Zwei Jahre in der Schwesternschule hatten Connie dazu erzogen, sofort und bedingungslos zu gehorchen. Ein Arzt brauchte etwas. Ihr schwindendes Bewußtsein sagte ihr, daß sie es holen mußte. Die Bewegung hatte sie wieder zu sich gebracht, und durch das Bücken war ihr das Blut in den Kopf gestiegen. Das hatte Bill großartig gemacht.

»Sie sind so klein, Schwester Halliday«, sagte er nun liebenswürdig. »Vom Stand aus können Sie bestimmt nicht gut sehen. Wenn Sie hier stehenbleiben, kann ich Ihnen viel besser zeigen, was ich tue.«

»Danke«, flüsterte Connie.

Susy erschrak. Das war nicht klug von Bill. Wenn Connie dort neben dem Tisch stehen mußte, würde sie bestimmt in Ohnmacht fallen.

Aber Susy kannte Bill schlecht. Er sprach nun direkt zu Connie und erzwang mit seiner Stimme ihre Aufmerksamkeit. Hin und wieder sah er auf und richtete seine tiefliegenden blauen Augen fest auf ihr Gesicht. Susy wußte seit langem, daß Bill gut sprechen konnte, wenn er in der richtigen Stimmung dazu war, aber so mitreißend und beredt wie heute hatte sie ihn noch nicht erlebt. Seine Worte wirkten eindringlich und überzeugend. Er nahm der Chirurgie alle äußeren Schrecken und pries sie in ihrer vollendeten Genauigkeit als einen wichtigen Zweig der Heilkunst.

Und Connie hörte zu, anfangs widerstrebend, dann mit wachsendem Interesse.

Als Bill die Narkoseschwester bat, dem Patienten mehr Äther zu geben, machte Connie eine überraschte Bewegung.

»Wollten Sie mich etwas fragen, Schwester Halliday?«

Connie nickte. »Verändert sich der Atem des Patienten nicht, wenn er mehr Äther braucht?« fragte sie in ihrer normalen Stimme. »Ich habe doch gar keine Veränderung bemerkt.«

»Sie haben richtig beobachtet. Aber bevor eine Veränderung der Atmung bemerkbar wird, tritt eine leichte Verkrampfung der Muskeln des Unterleibs ein.« Wie beiläufig fügte er hinzu: »Wollen Sie sich selbst davon überzeugen?«

Connie zögerte nur ganz kurz. Dann ging sie zu Susys Freude dicht an den Operationstisch heran – sehr vorsichtig, um nirgends anzustoßen – und spähte in den Einschnitt. Sie erbleichte nicht. Ihre Augen waren klar, beobachtend. Connie sah mit sachlichem Interesse einer Operation zu.

Susy lehnte sich zurück, erfüllt von tiefer Dankbarkeit für Bills kluges Eingreifen und von Bewunderung für Connies Schneid. Beruhigt sah sie zu, wie die Operation schnell und ohne Zwischenfälle beendet wurde. Von jetzt an würde mit Connie alles in Ordnung sein.

›Und nun kann ich endlich selber anfangen, etwas vom Operieren zu lernen‹, dachte sie bei sich.

Bill ist schwierig

Susy suchte Bill. Sie wollte sich bei ihm dafür bedanken, daß er Connie gerettet hatte, bevor sie wieder zur Station zurückkehrte. Nach der Operation hatte er den Raum so schnell verlassen, daß sie keine Zeit mehr gefunden hatte, ihn anzusprechen. Und nun scheute sie sich beinahe, es zu tun.

In der Rolle des Chirurgen war Bill ihr fast wie ein Fremder vorgekommen, fern, glänzend und unnahbar. Die ehrfürchtige Haltung der Operationsschwester ihm gegenüber hatte diesen Eindruck noch verstärkt.

›Und was bin ich?‹ dachte Susy halb spöttisch, halb ernsthaft. ›Ist es nicht vermessen von mir, zu solcher Hoheit sprechen zu wollen?‹ Aber dann tat sie es doch. Sie entdeckte Bill, als er die Operationsabteilung gerade verlassen wollte.

»Bill, warten Sie!« rief sie und lief durch den weißen Korridor.

Er drehte sich rasch um. Ohne die phantastische Bekleidung des Chirurgen war er wieder der alte, vertraute Bill. »Wozu die Eile?« fragte er mit seinem ernsthaften Lächeln.

»Ich wollte Ihnen etwas sagen.« Ein wenig atemlos stand sie vor ihm. »Ich wollte Ihnen danken – wegen Connie.«

»Ach, keine Ursache«, antwortete er leichthin. »Das arme Kind tat mir leid.«

»Das haben Sie fabelhaft gemacht!« Susy sah mit solch einem klaren und süßen Blick zu ihm auf, daß ihm der Atem stockte. »Sie dürfen nicht denken, daß Connie feige ist«, fuhr sie fort. »Sie hat eben sehr viel mehr Phantasie als andere, und ...«

»Natürlich!« fiel er ihr beruhigend ins Wort. »Es wäre mir niemals eingefallen, Constance Halliday für feige zu halten. Im Gegenteil, ich finde sie äußerst tapfer, denn sie hat ihre Angst überwunden. Sie werden am besten verstehen, was das heißt, denn auch Sie sind tapfer.«

»Ich?«

»Ja, Sie. Haben Sie nicht damals auf Station 3 einer Schwester das Leben gerettet?«

»Das war etwas ganz anderes. Ich kam gar nicht dazu, an eine Gefahr zu denken. Wenn ich ...« Sie stockte. Wieder sah sie die wahnsinnigen Augen der Spanierin vor sich, sah die Hand, die nach dem Nachttisch griff. Sie schauderte.

»Susanne, Liebes!« Sein Ton war zärtlich. »Ich wollte Sie nicht ...«

»Störe ich?« fragte Dr. Lamson hinter ihnen. Sie drehten sich um.

»Ach, Sie sind es, Georg«, murmelte Bill.

»In der Tat, ich bin es«, antwortete Dr. Lamson vergnügt. Er zwirbelte eitel seinen Schnurrbart und lächelte Susy an.

»Die Aussicht auf die Korridorwand ist zauberhaft, nicht wahr?« Sein selbstgefälliges Wesen reizte Susy. »Wir können ja eine andere Aussicht für Sie arrangieren«, entgegnete sie ärgerlich. »Wie wäre es mit einem Spiegel, in dem Sie sich bewundern könnten?«

Dr. Lamson ließ sich nicht aus der Ruhe bringen. Seine braunen Augen glitten über Susys Haare. Dann wandte er sich zu Bill, dessen Gesicht sich leicht gerötet hatte.

»Die Kleine gefällt mir«, sagte er. »Sie gibt sich solche Mühe, abweisend zu sein, und gewinnt dadurch nur an Zauber. Finden Sie sie nicht auch bezaubernd, Barry?«

Susy lachte, weil sie Dr. Lamson ziemlich lächerlich fand. Aber Bill verstand ihr Lachen falsch. Seine Augen wurden kalt.

»Ja«, preßte er zwischen den Zähnen hervor. Dann nickte er Susy kurz zu und stelzte ohne ein weiteres Wort aus der Tür.

Dr. Lamson sah ihm erstaunt nach. »Huh! Was fehlt denn unserem kleinen Jungen? Hat ihm jemand sein Spielzeug weggenommen?«

»Er ist gewiß müde«, antwortete Susy äußerlich ruhig. Aber innerlich war sie erschrocken und – wider Willen – ein klein wenig amüsiert. Sie wollte nicht über Bill lachen, aber er war wirklich wie ein wütender kleiner Junge davongelaufen.

Nachdenklich machte sie sich auf den Weg zur Station. Zu dumm, daß sie so gar keine Ahnung davon hatte, wie man Männer behandeln mußte! Bill wurde immer schwieriger. Dabei mochte sie ihn so gern. Wenn er die Dinge doch so lassen wollte, wie sie waren! An Dr. Lamson dachte sie überhaupt nicht mehr.

Ihre Sorge, daß Bill in seiner üblen Laune verharren könnte, schien jedoch unbegründet zu sein. Am nächsten Tag war er wieder so wie gewöhnlich – freundlich, liebenswürdig und geschäftig.

Susy stellte sehr bald fest, daß die Arbeit in der Operationsabteilung im Grunde nicht viel anders war als überall. In jeder Abteilung des Krankenhauses gab es einen gewissen gesetzmäßigen Tagesablauf, in den man sich rasch eingliederte. Jeden Morgen klingelte auf der Station das Telefon und forderte Schwester Barden für die Operationsabteilung an. Wenn sie dort eintraf, las sie zuerst die Liste der täglichen Operationen durch. Danach verrichtete sie verschiedene Arbeiten, die der Vorbereitung von Operationen dienten.

Am Ende der ersten Woche durfte sie einer erfahrenen Schwester bei einer kleineren Operation zur Hand gehen. Dabei hatte sie sehr wenig zu tun. Sie öffnete ein Gazepäckchen und reichte dem operierenden Arzt ein paar Instrumente zu. Obwohl sie sich auf die Zehenspitzen stellte, konnte sie nicht sehen, was er machte. Sie stand herum und fühlte sich überflüssig. Es war recht enttäuschend, fand sie. Aber das lag wohl daran, daß sie erst eine Anfängerin war.

»Ich bin überzeugt, daß ich noch einmal scharf darauf sein werde«, sagte sie zu Kit, die ein wenig neidisch zuhörte.

»Ich bin jetzt schon scharf«, entgegnete Connie glücklich.

Connie bewährte sich glänzend im Operationssaal. Sie hatte überhaupt keine Angst mehr. Eines Tages hörte Susy Fräulein Lester sagen, daß die kleine Halliday außerordentlich flink sei. Sie bemerkte, daß Connie die Operationsabteilung nur ungern verließ, wenn die Arbeit getan war, und daß sie sich oft eingehend mit der Narkoseschwester unterhielt. Einmal, als sie an einem Narkosezimmer vorbeiging, sah sie Connie neben einem Narkoseapparat knien und interessiert die einzelnen Teile studieren.

»Sie verschwand fast neben dem Apparat«, sagte Susy

abends zu Kit. Die beiden hatten sich wie gewöhnlich auf Susys Bett ausgestreckt. Krankenschwestern stehen selten, wenn sie sitzen können, und sitzen nicht, wenn sie liegen können. Kit lachte. »Was macht denn Willi?« fragte sie.

»Willi ist natürlich die Vollkommenheit selber. Und du solltest Hilda sehen! Sie quillt aus allen Knopflöchern vor Staunen. Aber sie ist sehr verträglich und gibt sich große Mühe. Alle haben sie gern.«

Kit seufzte. »Wenn ich doch auch erst soweit wäre! Ich arbeite gern in den Krankensälen, aber nach zwei Jahren möchte man doch mal eine Abwechslung haben.«

»Nun, du kommst auch bald dran«, entgegnete Susy abwesend.

»Nimm es dir nicht gleich so zu Herzen, Susy. He! Hast du überhaupt gehört, was ich sagte?«

Susy zuckte zusammen. »Natürlich, ich habe alles gehört.«

»Was sagte ich zuletzt?«

»Zuletzt? Du sagtest – du hättest die Arbeit in den Krankensälen ein wenig über.«

»Ha!« rief Kit triumphierend. »Du hast überhaupt nicht zugehört. Woran dachtest du?«

»Ach, an nichts Besonderes.«

In Wirklichkeit hatte Susy ziemlich beunruhigt an ein Erlebnis am Nachmittag gedacht. Der Tag war regnerisch gewesen. Susy hatte ausnahmsweise einmal keine rechte Lust gehabt, die warme helle Operationsabteilung zu verlassen und zur Station zurückzugehen. Sie hatte sich daher erboten, den Operationsschwestern zu helfen. Sie brauchten keinen Stationsdienst zu machen, aber dafür verlangte man von ihnen, daß die Operationsabteilung immer wie ein Schmuckkästchen aussah.

Fräulein Lee nahm die angebotene Hilfe gerne an. So blieb Susy denn allein im Saal zurück, wischte die Glasbretter ab und stellte alles ordentlich zurecht. Durch die Tür, die zum Sterilisationszimmer führte, hörte sie das Geräusch von Aufwischen und unterdrücktes Gelächter. Aha, Anni, der große Sterilisationsapparat, war offenbar wieder einmal übergekocht.

Im Operationssaal war es warm, hell und still. Zufrieden wischte Susy über das letzte Brett und sah sich prüfend um. Es war beinahe alles in Ordnung. Nur ein fahrbarer Tisch mit einer Glasplatte stand noch in der Mitte des Raumes. Susy wollte ihn an die Wand schieben. Da ergriff sie plötzlich ein kindisches Verlangen. Sie gab dem Tisch einen übermütigen Schubs, schwang sich auf die Glasplatte und rollte sanft über den Boden, bis sie unter dem großen Fenster landete.

Plötzlich hörte sie ein belustigtes Lachen hinter sich. »Wie wär's mit einem hübschen Legespiel oder mit einem Puppenwagen?« fragte eine Männerstimme.

Verlegen sprang sie vom Tisch herunter. »Ach, guten Tag, Bill!«

»Guten Tag, Susanne!«

Das Licht fiel voll auf sein Gesicht. Er sah müde aus.

»Abgekämpft?« fragte Susy mitleidig.

»Ja, ein bißchen.«

»Armer Bill!«

»So schlimm ist es ja nicht.«

Sie schwiegen ein Weilchen. ›Heute ist er zu müde, um schwierig zu sein‹, dachte Susy aufatmend. Seite an Seite standen sie vor dem Fenster und sahen hinaus. Susy stützte das Kinn in die Hand und starrte auf den Regen, der sich in schrägen silbernen Streifen von der roten Ziegelmauer des gegenüberliegenden Hauses abhob. Hinter den Fenstern sah man die Schwestern bei der Arbeit. In der Küche wusch ein stämmiges Mädchen Teller ab. Die Kranken lagen warm und geborgen in ihren Betten und horchten wohl auf den Regen.

»Es ist schön hier«, bemerkte Bill schließlich. »Finden Sie nicht auch?«

»Ja.« Susy überlegte ein wenig und fügte dann hinzu: »Aber in der Operationsabteilung vermisse ich die Patienten. Hier lernt man sie überhaupt nicht kennen. Und sie sind doch so nett – so närrisch – so interessant.«

»Sie lieben die Menschen, nicht wahr?« Er wandte ihr den Kopf zu.

»Ja, sehr.«

»Ich auch. Es ist . . .«

Eine Schwester riß die Tür auf. »Georg!« rief sie. Und dann: »Oh, Verzeihung, Dr. Barry! Ich hielt Sie für Dr. Lamson.« Damit verschwand sie wieder.

Bills Gesicht war dunkelrot geworden. Schweigend starrte er vor sich hin. Seine Lippen bildeten eine einzige schmale Linie.

Susy sah ihn verstohlen von der Seite an. Dann sagte sie ruhig: »Sie können Dr. Lamson wohl nicht leiden.«

Er antwortete nicht sofort. Schließlich sah er sie an.

»Nicht besonders. Mögen Sie ihn denn?«

»Ach, ich weiß nicht. Ich habe noch nicht darüber nachgedacht. Er ist ein harmloser, liebenswürdiger Mensch.«

»Können Sie mir vielleicht sagen, warum Mädchen solche Männer gern haben? Dr. Lamson ist allgemein beliebt.«

Susy überlegte, das Kinn noch immer in die Hand gestützt.

»Ich weiß nicht recht«, antwortete sie. »Er ist unterhaltend – und schmeichelt unserer Eitelkeit und . . .«

Er fuhr auf. »Ach so!« unterbrach er sie heftig. »Ich hatte bisher geglaubt, Sie gehörten zu den Mädchen, die sich nichts aus billiger Schmeichelei machen. Aber ich habe mich wohl geirrt. Schon neulich bemerkte ich . . .«

»Bill!« Susy hatte sich aufgerichtet. Ihre Augen funkelten. »Das ist vollkommen unangebracht. Außerdem geht es Sie nichts an.«

»Verzeihung!« sagte er verdrossen.

Es entstand ein Schweigen. Susy nahm sich zusammen. So konnte es nicht weitergehen.

»Wir wollen nicht miteinander streiten, Bill«, sagte Sie. »Es ist albern und sinnlos.«

Seine Augen wurden weich. »Sie haben recht. Ich war gräßlich.« Er streckte ihr seine Hand hin. »Können Sie mir verzeihen?«

»Natürlich.« Sie schüttelten sich die Hände und lachten. Nachdem das Lachen verebbt war, überfiel sie wieder das Schweigen.

Endlich sagte Bill lächelnd: »Aber ein klein wenig haben Sie mich doch gern, ja?«

»Ich kann Sie gut leiden«, antwortete Susy leichthin. »Ich bewundere Sie sogar – manchmal –, obwohl das natürlich vermessen von mir ist, da doch so viele und bessere Krankenschwestern als ich anbetend zu Ihren Füßen knien.«

Er grinste. »Ich hoffte, daß Sie es bemerken würden.«

»Himmel, Sie sind ja gar nicht eingebildet! Wollen Sie mir vielleicht freundlichst sagen, was an Ihnen so anziehend ist – außer Ihren gepflegten schwarzen Haaren? Was wären Sie mit einer Glatze, oder wenn Ihr Haar nicht so ordentlich gekämmt wäre? Alle Frauen würden vor Ihnen davonlaufen.«

»Zerzausen Sie es doch! Mal sehen, ob Sie dann vor mir davonlaufen.« Er beugte sich zu ihr hinunter. Sein Kopf berührte sie fast.

Sie wich hastig zurück und lachte verlegen. »Nein! Das fällt mir nicht im Traum ein.«

Er richtete sich wieder auf. »Warum denn nicht?«

Sie war seltsam erregt. Fast fürchtete sie sich ein wenig. »Ich – ich weiß nicht«, antwortete sie und sah zu ihm auf. In ihren Augen war jetzt keine Spur von Lachen.

Einen Augenblick sahen sie sich schweigend an. Dann wandte sie sich wieder zum Fenster. »Sehen Sie nur«, sagte sie ein wenig unsicher, »jetzt brennt dort drüben schon Licht. Bald werden die Schwestern das Abendbrot in die Krankensäle bringen. Es ist merkwürdig zu denken, wie viele Jahre lang das schon so gewesen ist. Die Patienten kommen und gehen, aber es ist immer das gleiche.«

»Ja.«

Sie sprachen noch ein Weilchen miteinander; von dem Krankenhaus, von der Arbeit in den Laboratorien, von dem Unterschied zwischen innerer Medizin und Chirurgie. Als

Bill schließlich fortging, blieb Susy allein am Fenster und starrte unruhig in den Regen hinaus, bis Fräulein Lee hereinkam und sie zur Station schickte.

Anni Meyer

Susy hatte jedoch nicht viel Zeit, über ihren oder Bills Gemütszustand nachzugrübeln. Ihr Dienst nahm sie viel zu sehr in Anspruch.

In der zweiten Woche durfte sie schon bei einer Blinddarmoperation assistieren. Die Operation dauerte genau fünfzehn Minuten. Susy kannte den Verlauf jetzt schon auswendig. Sie gab sich große Mühe bei ihrer Arbeit, und alles ging wie am Schnürchen. Hinterher erschien ihr die Rolle, die sie bei der Operation spielte, sehr gering. Hatte eine Operationsschwester nicht mehr zu leisten? Zwar konnte man die Arbeit nicht gerade leicht nennen; man mußte stets wachsam sein. Aber das war es gerade, was Susy nicht gefiel. Sie mußte äußerste Sorgfalt und Aufmerksamkeit auf eine Tätigkeit anwenden, die einem großen Zweck diente, jedoch für sich allein betrachtet – Susy gebrauchte das Wort nur ungern in diesem Zusammenhang – langweilig war. Das war doch einfach nicht möglich! Operieren konnte niemals langweilig sein. Sie hatte sich doch so lange auf diese Arbeit gefreut.

Wenn Susy abends zur Station zurückkehrte, nahmen die Patienten sie so sehr in Anspruch, daß sie den Operationssaal und die Schwierigkeiten mit Bill immer bald vergaß. Sie mußte Medizinen geben, müde Rücken stützen, das Abendessen verteilen. Dazu kam noch die Sorge um Anni Meyer, die dünne Probeschwester, mit der Susy vor einiger Zeit im Teezimmer von Haus Brewster gesprochen hatte.

Anni Meyer machte seit kurzem auf Station 8 Dienst. Die anderen Schwestern wurden nicht recht klug aus ihr und schüttelten oft über ihr sonderbares Verhalten die Köpfe. Anni fuhr zusammen, wenn sie angesprochen wurde, hockte trübselig im Wäschezimmer oder huschte wie ein unruhiger Geist durch den Saal. Susy, die an allen Menschen Anteil nahm, begann sich ernsthafte Sorgen um sie zu machen. Sie forderte sie einige Male auf, ihr anzuvertrauen, was sie bedrückte. Aber ihre Bemühungen waren vergeblich. Anni schien Susy über alle Maßen zu verehren, starrte sie jedoch nur stumm an oder murmelte unzusammenhängende Antworten auf ihre freundlich gestellten Fragen.

Erst durch einen Zufall kam die Ursache von Anni Meyers Nervosität schließlich ans Tageslicht. Eines Abends hatte Connie plötzlich Lust, Sahnebonbons zu kochen. Kit kaufte die notwendigen Sachen ein. Als sie zurückkehrte, gingen die drei Freundinnen in die kleine Küche von Haus Grafton, die jedoch zu ihrem Leidwesen bereits von anderen Schwestern, die denselben Gedanken gehabt hatten, mit Beschlag belegt war.

»Laßt uns zum Haus Brewster gehen«, schlug Connie vor. »Vielleicht wird die Küche dort nicht benutzt.«

Sie hatten Glück und fanden die Küche leer. Vergnügt machten sie sich ans Werk. Nachdem die Bonbonmasse eine Weile gekocht hatte, gossen sie etwas davon in eine Tasse mit kaltem Wasser und kosteten. Plötzlich wurde die gespannte Stille durch ein lautes Schluchzen unterbrochen. Sie drehten sich erstaunt um und spähten in das kleine Speisezimmer, das neben der Küche lag. Eine schmächtige Gestalt in blauer Tracht stand, den Rücken zu ihnen gekehrt, am Fenster.

»Es ist Anni Meyer«, flüsterte Susy.

Anni hatte die Mädchen in der Küche offenbar nicht bemerkt. Ihr schmaler Rücken sah zusammengesunken und wehrlos aus wie der eines Menschen, der sich allein glaubt. Ihre Schultern bebten.

»Was fehlt Ihnen, Fräulein Meyer?« fragte Susy. »Kann ich Ihnen irgendwie helfen?«

Das Mädchen fuhr herum und machte einen kläglichen Versuch, unbekümmert zu erscheinen. Doch sogleich verschwand das schwache Lächeln wieder von ihrem Gesicht. »Ach, Fräulein Barden!« rief sie schluchzend. Dann sank sie auf den nächsten Stuhl, verbarg das Gesicht in den Händen und weinte laut.

Susy lief zu ihr hin und legte die Hände auf ihre knochigen Schultern. Kit und Connie blieben an der Tür stehen.

»Wollen Sie mir nicht sagen, was Sie quält?« fragte Susy. »Ich sehe doch schon lange, daß Sie etwas bedrückt. Vielleicht kann ich Ihnen helfen.«

Die Probeschwester wollte aufstehen, aber Susy drückte sie auf den Stuhl zurück.

»Ich wünschte – ich wäre tot!« jammerte das Mädchen. Und dann in steigender Erregung: »Ach, wäre ich doch niemals geb...«

»Halt!« rief Susy energisch. »Nehmen Sie sich ein bißchen zusammen. So schlimm wird es schon nicht sein. Erzählen Sie mir jetzt, was Sie auf dem Herzen haben. Das wird Sie erleichtern.«

Susys bestimmter Ton wirkte. Anni richtete sich auf und sah sie aus verweinten Augen an.

»Ich wußte nicht, daß jemand hier war«, stammelte sie. »Es – es ist alles so furchtbar!« Wieder begann sie zu schluchzen, hörte jedoch sofort auf, als Susy sie ein wenig schüttelte. »Ich – ich habe noch niemals eine Sache ordentlich gemacht«, fuhr sie fort. »Ich – habe immer solche Angst und traue mir überhaupt nichts zu. Sogar Mutter sagt das. Aber ich – wollte doch so gern Krankenschwester werden. Wenn – wenn sie mich jetzt nach Hause schickt, nehme ich mir das Leben. Ich kann das einfach nicht ertragen.« Ihre Stimme wurde schrill.

»Wer will Sie nach Hause schicken?« fragte Susy.

»Fräulein Cameron.«

»Fräulein Cameron! Was hat sie zu Ihnen gesagt?«

Die Augen des Mädchens füllten sich von neuem mit Tränen. »Sie sagte – ich wäre eine Schande für die Schule.

Sie sagte – ich sollte nach Hause zu meiner Mutter gehen. Mädchen, die nicht auf ihr Aussehen achteten, dürften nicht – Krankenschwester sein. Es wären schon zu viele in diesem Krankenhaus, die nicht hierher gehörten.«

»Ich finde nichts an Ihrem Aussehen auszusetzen«, log Susy taktvoll. »Sie müssen sich nicht so zu Herzen nehmen, was Fräulein Cameron sagt. Sie spricht zu allen in dieser Weise und meint es nicht böse. Im Grunde ist sie ein feiner und sehr anständiger Mensch.«

»Aber sie sagte . . .«

»Das spielt keine Rolle. Sie denkt nicht im entferntesten daran, Sie nach Haus zu schicken. Was hat sie denn an Ihnen bemängelt?«

»Sie sagte, mein Unterrock gucke vor. Jedesmal, wenn ich in ihr Zimmer komme, sagt sie das zu mir. Aber er hat gar nicht vorgeguckt. Und heute abend drohte sie mir, mich nach Hause zu schicken, wenn ich nicht auf meine Kleidung achtgeben könnte.«

Susy warf den Mädchen an der Tür einen vielsagenden Blick zu.

»Hören Sie mal«, sagte sie zu Anni, »das ist eine komische Sache.«

»Mir kommt sie gar nicht komisch vor.«

»Kopf hoch! Vielleicht lachen Sie noch einmal darüber. Zu mir hat Fräulein Cameron nämlich genau dasselbe gesagt.«

»Zu Ihnen, Fräulein Barden? Aber das ist doch nicht möglich.«

»Doch, wirklich! Und anderen hat sie ebenfalls dasselbe vorgeworfen. Da stimmt etwas nicht. Ich hatte überhaupt keinen Unterrock an, als sie zu mir sagte, daß er vorgucke. Sie sind also nicht die einzige Leidtragende, wie Sie sehen. Beruhigen Sie sich nur wieder.«

»Aber sie hat es besonders auf mich abgesehen.«

»Unsinn!« Susy dachte einen Augenblick nach. Dann hatte sie einen Einfall. »Ich mache Ihnen einen Vorschlag.

Gehen Sie zusammen mit ein paar Mädels aus Ihrer Klasse, die dasselbe erlebt haben, zu Fräulein Cameron ...«

»Ich soll zu Fräulein Cameron gehen?« Annis Augen weiteten sich vor Entsetzen.

»Ja, warum nicht? Hören Sie zu!« Susy holte einen Stuhl herbei und setzte sich neben Anni. »Sie haben viel mehr Mut, als Sie selber wissen. Ich glaube einfach nicht, daß Sie so schüchtern sind, wie Sie sich einbilden. Sonst hätten Sie es doch niemals gewagt, hierher zu kommen und Krankenschwester zu werden. Nun müssen Sie den einmal eingeschlagenen Weg aber auch tapfer weiter gehen. Fräulein Cameron wird Sie nicht beißen. Und mit diesen Unterröcken stimmt etwas nicht.«

»Ich – ich kann nicht zu Fräulein Cameron gehen.«

»Gewiß können Sie das! Sie tun uns allen einen Gefallen, wenn Sie herausbekommen, was hinter der Geschichte steckt.«

»Aber wie soll ich das anfangen?«

»Das ist Ihre Sache. Es wird Ihnen schon etwas einfallen. Sie werden ja nicht allein sein, wenn Sie ein paar Mädchen aus Ihrer Klasse mitnehmen.«

»Ich – ich kann nicht. Bitte verlangen Sie das nicht von mir.«

»Aber ich verlange es von Ihnen«, antwortete Susy bestimmt.

»Sie wird mich bei lebendigem Leib verschlingen.«

»Ach wo! Es wird ihr gefallen, wenn Sie zu ihr kommen. Und falls es schiefgehen sollte, werde ich selber zu Fräulein Cameron gehen und ihr alles erklären. Das verspreche ich Ihnen.«

»Das würden Sie – für mich – tun?«

»Natürlich.« Susy wollte gerade sagen, daß sie es auch für jeden anderen tun würde, der so verzweifelt wie Anni war, besann sich jedoch eines besseren, als sie so etwas wie Entschlossenheit in dem Gesicht des Mädchens aufdämmern sah.

Anni Meyer sah Susy lange ehrfurchtsvoll an. Dann

sagte sie leise: »Ich werde gehen, wenn Sie durchaus wollen, Fräulein Barden. Schließlich kann es nicht schlimmer werden, als es ist.«

»Das ist brav«, sagte Susy und stand auf.

Anni erhob sich ebenfalls, ein wenig schwankend, aber einigermaßen entschlossen. »Ach, Fräulein Barden, Sie sind wundervoll! Wenn ich das überstehe, habe ich es nur Ihnen zu verdanken.«

»Nein. Sie, Sie allein müssen es machen. Ich tue überhaupt nichts dazu.«

»Sie sind trotzdem wundervoll, Fräulein Barden. Vielen, vielen Dank!« Das schmächtige, tränenreiche Mädchen stolperte aus dem Zimmer. Die unsicheren Schritte entfernten sich.

»Alle Achtung, Susy!« rief Connie. »Glaubst du, daß sie es tun wird?«

»Ich weiß nicht. Hoffentlich!«

»Wundervoll, wundervoll, Fräulein Barden!« rief Kit boshaft grinsend. »Wenn du von ihr verlangtest, in einen Löwenkäfig zu gehen, würde sie es ohne Zögern tun. Das wäre ja auch eine Kleinigkeit, nachdem sie Fräulein Cameron in ihrer Höhle entgegengetreten ist.«

»Susy hat vollkommen richtig gehandelt«, entgegnete Connie. »Wenn Anni Meyer sich von der Einbildung befreit, eine Maus zu sein, kann noch ein ordentlicher Mensch aus ihr werden. Einmal muß sie ja ihre Angst überwinden. Sie kann sich an Fräulein Cameron die Zähne wetzen.«

»Die Zähne ausbrechen, meinst du wohl«, erwiderte Kit. Sie blickte mit verzücktem Augenaufschlag zu Susy hin. »Oh, Suschen, unser Sonnenschein! Die rechte Hand der Vorsehung!« Dann drehte sie sich zu Connie um. »Ach, Sie sind auch noch da, Fräulein Halliday? Entschuldigen Sie bitte, daß ich Sie übersehen habe, aber ich war derartig geblendet...« Lachend ging sie in die Küche zurück.

Die Bonbonmasse war inzwischen vollkommen hart geworden. Die Mädchen guckten enttäuscht in den Topf. »Ein schöner Reinfall!« brummte Kit. »Daran ist nur Susys

Wohltätigkeitsbedürfnis schuld. Seht euch das an! Daran können wir uns die Zähne ausbrechen.«

»Ich bin neugierig, ob sie es wirklich tun wird«, sagte Connie.

»Wenn sie es tut, werden wir es bald erfahren«, erwiderte Susy. »Dann weiß es morgen früh das ganze Krankenhaus. Ich möchte bloß wissen, was mit den Unterröcken los ist.«

»Das werden wir wahrscheinlich auch bald erfahren.«

Und sie erfuhren es wirklich.

Des Rätsels Lösung

Am nächsten Morgen wäre Susy beinahe zu spät zum Frühstück gekommen. Im Sommer machte es ihr nichts aus, früh aufzustehen. Aber jetzt, im November, wo es morgens kalt und dunkel war, verließ sie ihr warmes Bett nur ungern.

Sie stürmte durch die Tür des Speisesaales, riß ihre Serviette aus dem Fach und sah zu dem Tisch hinüber, an dem ihre ›Rotte‹ gewöhnlich saß. Kit, Connie und Luise waren schon da. Hilda steuerte gerade mit ihrem Tablett in der Hand auf den Tisch zu. Susy eilte ihr nach. Die Mädchen begrüßten sie verschlafen. Nur Hilda war ungewöhnlich munter.

»Wißt ihr schon das Neueste?« fragte sie, sobald sie auf ihrem Platz saß.

»Ja«, antwortete Kit ernst.

Hilda sah enttäuscht aus. »So? Was denn?«

»Fräulein Mason ist seit fünf Jahren heimlich mit dem Oberkrankenpfleger verheiratet. Er hat es soeben entdeckt und daraufhin einen Schlaganfall bekommen.«

Hilda starrte sie an. »Wer bekam einen Schlaganfall?«

»Der Krankenpfleger natürlich.«
»Aber wie kann er ...«
»Van!« sagte Luise entrüstet. Und dann zu Hilda: »Es war nur ein Scherz, Hilda – und ein ziemlich alberner.«
Kit lachte. »Was wären wir ohne Sie, Willi? Von Ihnen lernt man wirklich Benimm.«
»Benehmen«, verbesserte Luise steif.
»Ruhe!« rief Susy.
»Erzählen Sie, was los ist, Hilda«, bat Connie.
Hilda räusperte sich. »Gestern abend gingen sie zu ihr rein, alle fünf, um es rauszukriegen. Nachdem sie schon so oft dasselbe gesagt hatte ...«
»Hilda!« rief Connie flehend.
»Welche fünf?« fragte Susy. »Was wollten sie rauskriegen? Hat sich die Geschichte in der Zahnklinik abgespielt?«
»Erzählen Sie vernünftig!« drängte Kit.
Hilda fing noch einmal von vorn an. »Es handelt sich um die Unterröcke. Die Probeschwester Meyer – die, die so wie ein Stock aussieht – ja, also fast alle Schwestern, die in letzter Zeit bei Fräulein Cameron im Zimmer waren, kamen heraus und sagten, sie sagte, ihr Unterrock käme vor. Und sie sagten – sie sagte – wenn sie dächten –« Hilda stockte, während die drei Freundinnen sich vergnügt angrinsten.

Nach einer kurzen Pause begann sie von neuem. »Fünf Probeschwestern, ein paar jüngere Lernschwestern und eine Seniorin bekamen eine Rüge von Fräulein Cameron, weil ihre Unterröcke vorguckten.«
»Das wissen wir«, sagte Susy. »Erzählen Sie, was sich ereignete. Von wem haben Sie es erfahren?«
»Ich war gerade in Haus Brewster und ging durch den Korridor, da sah ich die ganze Bande. Ich meine die fünf Probeschwestern. Sie drückten sich wie verängstigte Hühner vor Fräulein Camerons Tür herum. Die Meyer war ganz grün im Gesicht. Aber es war sonderbar, gerade sie forderte die anderen auf, ins Zimmer zu gehen. Sie könnten ebensogut jetzt gleich umkommen wie später, sagte sie.

Darauf gingen dann alle Mann rein. Und – ja – mein Schnürsenkel war aufgegangen. Ich blieb stehen, um ihn festzumachen, und da hörte ich . . .«

»Natürlich mußten Sie Ihr Schuhband gerade vor der Tür festbinden«, bemerkte Luise trocken.

Susy gab ihr einen Rippenstoß.

»Ja, was sollte ich denn machen?« fragte Hilda. »Ich hätte über das Band stolpern und hinfallen können. Jedenfalls, die fünf gingen ins Zimmer, und Fräulein Cameron fragte drohend: Was soll das bedeuten?«

»Sie aber banden Ihr Schuhband fest und gingen weiter, nicht wahr?« warf Luise ein.

»Lassen Sie Hilda doch weitererzählen!« rief Connie ärgerlich.

»Zuerst sagte keine von den fünfen ein Wort«, fuhr Hilda fort. »Dann gab die Meyer einen sonderbaren Ton von sich. Ich weiß, daß sie es war, weil Fräulein Cameron fragte: ›Schwester Meyer, was fehlt Ihnen? Warum stehen Sie da und schlucken und würgen? Ist Ihnen schlecht?‹ Die Meyer aber quiekte ganz komisch und sagte, sie kämen wegen der Unterröcke . . .« Hilda machte eine Atempause.

»Und dann?« fragte Kit.

»Also plötzlich redete die Meyer wie ein Wasserfall. Ich hätte ihr das niemals zugetraut. Sie sagte, es müßte ein Irrtum sein, denn die Unterröcke kämen gar nicht vor. Und sie – die Probeschwestern – wären nun zu Fräulein Cameron gekommen, um mit ihrer Hilfe die Sache aufzuklären. Darauf rief Fräulein Cameron wütend: ›Ihr Unterrock kommt ja schon wieder vor, Schwester Meyer!‹ Und glauben Sie es oder nicht« – Hilda schlug ihre dicken Hände zusammen und sah sich mit großen Augen im Kreise um – »diese Meyer sagte Fräulein Cameron ins Gesicht: ›Er kann gar nicht vorgucken, Fräulein Cameron, denn ich habe ihn ausgezogen, bevor ich herkam.‹«

»Donnerwetter!« rief jetzt sogar Luise aufgeregt. »Und dann?«

»Dann flogen die Fetzen. Fräulein Cameron schrie, es

wäre unerhört, daß die Mädchen ohne jede Unterwäsche im Krankenhaus umherliefen. Und darauf sagte sie – ich meine die Meyer –, etwas hätten sie wohl an. Und dann sprachen plötzlich alle auf einmal. Und die Meyer bat Fräulein Cameron wieder, sie möchte ihnen doch helfen, das Rätsel zu lösen. Und dann rief sie plötzlich laut: ›Ach, Fräulein Cameron, da ist es, da ist es!‹ Und was glauben Sie wohl, was da war?«

»Wahrscheinlich Fräulein Camerons Unterrock, der schüchtern durchs Zimmer tanzte«, rief Kit.

»Nein, sie hatte ihn bestimmt an. Die Sache ist die: In Fräulein Camerons Zimmer steht ein neues Bücherregal neben der Tür. Davor hängt ein Vorhang aus weißer Seide. Nun steht aber jeder, der mit Fräulein Cameron spricht, direkt vor dem Regal. Infolgedessen sieht sie immer den Volant des Vorhangs unter dem Rock der vor ihr stehenden Schwester.«

»Natürlich!« rief Susy. »Wenn Fräulein Cameron sitzt, sieht sie nur den unteren Teil des Vorhangs, und es muß ihr so scheinen, als hinge etwas unter unseren Röcken hervor. Es war einfach eine optische Täuschung. Was sagte Fräulein Cameron denn dazu?«

»Ach, zuerst sagte sie nur ›Stellen Sie sich einmal hierhin!‹ und ›Gehen Sie einmal dorthin!‹ Es entstand eine große Bewegung in ihrem Zimmer. Dann rief sie plötzlich: ›Also!‹ Ihr wißt ja, wie sie so etwas macht. Ihre Stimme klang wie ein Pistolenschuß, und es wurde mäuschenstill im Zimmer, als wären alle auf einmal erschossen worden. Nach einer Pause sagte sie mit ganz veränderter Stimme: ›Es tut mir leid, Sie unnötig aufgeregt zu haben. Ich bitte Sie um Verzeihung.‹ Es war einfach schneidig, das muß man sagen.«

»Sie ist großartig«, sagte Susy warm. »Und was geschah dann?«

»Ihre Stimme wurde ganz freundlich. Sie sagte, sie freue sich, daß die Mädchen zu ihr gekommen wären, und sie lobte Meyer, weil sie die Sache mit dem Vorhang entdeckt hatte. Schließlich fragte sie, wer den Gedanken gehabt hätte, zu ihr zu kommen. Und eine der Probeschwestern sagte, es wäre Meyers Idee gewesen. Das schien Fräulein Cameron sehr zu gefallen. Sie sagte, Meyer hätte dadurch bewiesen, daß sie Charakter hat. Und dann sagte sie noch: ›Ich freue mich, daß ich mich in Ihnen geirrt habe, Schwester Meyer.‹ Hat man je so etwas gehört? Daß diese Meyer das fertiggebracht hat!«

»Von jetzt an wird sie es gut bei Fräulein Cameron haben. Sagte die Meyer noch etwas?«

»Ich weiß nicht. Sie gingen dann alle aus dem Zimmer. Und ich dachte – es wäre besser . . .«

»Wir verstehen schon.« Kit stand auf. »Sie brauchen uns nichts weiter zu erklären, Hilda. Essen Sie jetzt lieber etwas. Es ist zehn Minuten vor sieben. Wer kommt mit?«

»Ich«, sagten Connie und Susy wie aus einem Mund.

Während sie aus dem Speisesaal gingen, murmelte Connie: »Das hast du fein gemacht, Susy.«

Susy schmunzelte. »Ich habe Anni Meyer ins Leben hinausgeschubst.«

»Was ich besonders an dir schätze ist, daß du dein Licht immer unter den Scheffel stellst«, sagte Kit spöttisch.

»Meine Lichter, meinst du wohl. Na, laß nur, Kleines, wenn du erwachsen bist, geht dir vielleicht auch einmal ein Licht auf.«

Kit stöhnte schwach. »Hör dir das an, Connie! Sie will mich mit der Schärfe ihres Witzes erstechen. Nimm einen Schmiedehammer, Susy, der tut nicht so weh.«

»Nicht mehr nötig«, erwiderte Susy lachend. »Du bist von meinen Nadelstichen schon derart durchlöchert, daß jeder dich wie ein perforiertes Blatt auseinanderreißen kann.«

Damit bog sie durch die Tür von Station 8 und ließ Kit sprachlos auf dem Korridor zurück.

Herr Tait

»Was war nur mit Ihnen los, Schwester Barden?«

»Ich weiß nicht, Fräulein Lester. Ich machte einfach alles falsch. Es tut mir sehr leid.«

»Mir auch, Schwester Barden«, entgegnete Fräulein Lester ernst.

Die beiden befanden sich in einem der kleineren Operationssäle, wo Susy mißmutig und niedergeschlagen die Utensilien auf ihrem Tisch ordnete. Sie hatte soeben Dr. Reed bei einer Operation assistiert. Fräulein Lester war nach einer kurzen Unterredung mit Dr. Reed zu ihr gekommen.

»Ich hatte Ihnen diese Aufgabe gegeben, weil Sie sehr flink sein können, wenn Sie wollen. Dr. Reed ist ungeduldig und mag keine langsamen Schwestern, so tüchtig sie auch sonst sein mögen. Ich hatte gehofft, daß Sie ...« Sie stockte und fuhr dann fort: »Es tut mir leid, Ihnen das sagen zu müssen, Schwester Barden, aber Sie enttäuschen mich. Als Sie hierher kamen, dachte ich, Sie würden eine meiner besten Operationsschwestern werden. Statt dessen ist Ihre Arbeit immer schlechter geworden. Ihr Kursus ist fast zu Ende. Wenn Sie sich nicht bald bessern, kann ich unmöglich einen günstigen Bericht über Sie abgeben. Können Sie sich denn nicht auf Ihre Arbeit konzentrieren?«

»Ich will es versuchen«, versprach Susy.

»Nehmen Sie sich zusammen. Ihr nächster Fall ist eine Gallenblasenoperation mit Dr. Carlson. Ich muß Sie dazu einteilen, weil die anderen Schwestern alle beschäftigt sind. Wir haben heute einen schweren Tag. Dr. Carlson ist womöglich noch schwieriger als Dr. Reed. Ich wünsche keine Wiederholung der letzten Vorstellung.«

»Ich werde mir die größte Mühe geben«, sagte Susy.

Sie blieb allein in dem unordentlichen Raum. Das helle Licht, das durch das hohe Fenster fiel, kam ihr streng und drohend vor. Die zugedeckten Tische, die durcheinandergeworfenen Tücher und Instrumente schienen sie anzuklagen. Sie zog ihre Gummihandschuhe ab. Eine heiße Träne fiel auf ihre Hand.

Fräulein Lester hatte recht. Susy brachte es nicht fertig, sich auf ihre Arbeit zu konzentrieren. Und nun sollte sie zu allem Unglück noch Dr. Carlson assistieren, vor dem alle Schwestern zitterten. Gott sei Dank war die Operation erst für elf Uhr angesetzt. Jetzt war es zehn. Sie hatte also noch Zeit, sich zu fangen – wenn ihr das überhaupt gelang. In den letzten Tagen machte sie alles falsch. Sie war nun bereits zwei Monate in der Operationsabteilung und hatte gelernt, was es zu lernen gab, aber ihre Leistungen verschlechterten sich immer mehr. Woran lag das nur? Sogar Kit, die doch erst drei Wochen hier war, hatte sich schon einen Namen als Operationsschwester gemacht.

Susy brachte die Instrumente ins Sterilisationszimmer, legte die schmutzigen Laken und Tücher in einen Wäschekorb und verließ den Saal, um Kit zu suchen.

Kit stand, bis zu den Ellenbogen eingeseift, im Waschraum. Sie blickte über die Schulter, als Susy eintrat.

»Schon fertig? Aber wie siehst du denn aus? Ist etwas passiert?«

»Ich hab' gerade einen Anschnauzer von Fräulein Lester bekommen. Dr. Reed hat sich über mich beschwert.«

Kits Bürste blieb mitten im Seifenschaum stecken.

»Warum?« fragte sie.

»Weil ich wie gewöhnlich alles verkehrt gemacht habe«, antwortete Susy müde.

»Du bist in letzter Zeit gar nicht in Form, Susy. Was ist denn bei Dr. Reed passiert?«

»Das kann ich dir ganz genau sagen, aber warum es passiert ist, weiß ich nicht. Ich gab ihm immer die richtigen Sachen, nur leider zur unrechten Zeit. Ich ließ die Schere zu Boden fallen. Ich überhörte, daß er ein Instrument verlangte. Er schlug mir mit einer Zange auf die Finger. Und schließlich nahm er mir den Tisch fort und fädelte selbst den Faden ein. Dabei fluchte er wie ein Rasender.«

Susy lehnte sich an die Wand und schloß die Augen.

»Ach, du lieber Himmel!« rief Kit, während sie wieder mit dem Bürsten begann. »Das ist ja schrecklich, Susy. Wie kommt es bloß, daß du plötzlich so schusselig bist?«

Susy öffnete die Augen und starrte die weißen Kacheln auf der gegenüberliegenden Wand an. »Die Lester behauptet, ich könnte mich nicht konzentrieren«, sagte sie langsam. »Ich glaube, sie hat recht.«

»Aber warum kannst du es nicht?«

Susy zögerte ein wenig. »Ich glaube – weil mich die Arbeit langweilt.«

»Langweilt?«

»Du denkst wohl, ich sei übergeschnappt. So etwas zu sagen, nachdem ich wie versessen aufs Operieren war!«

Susy ging zu dem Waschbecken hin und sah zu, wie Kit energisch mit der Bürste hantierte. »Sieh mal«, fuhr sie fort, während sie mühsam nach einer Erklärung suchte, »für eine Schwester ist Operieren eben doch nicht das, was ich erwartet habe.«

»Was in aller Welt hast du denn erwartet?«

»Ich dachte, wir würden viel mehr zu tun haben – richtig assistieren, wie die Assistenzärzte.«

»Aber, Susy, wir assistieren doch auch. Du bist ja verrückt.«

»Aber es ist so schrecklich eintönig, wenn man den Verlauf einer Operation erst einmal kennt. Wir haben nur Gazetupfer und Nadeln zuzureichen, weiter nichts. Ebensogut könnten wir Balljungen auf einem Tennisplatz sein.«

»Beim Tennis geht es nicht um Leben und Tod. Denk doch nur daran, was die Ärzte bei jeder Operation leisten!«

»Ja, ja, ich weiß! Ich kenne die Geschichte der Medizin ebenso gut wie du. Ich schätze die Arbeit des Chirurgen und finde sie wundervoll. Aber die Rolle, die ich dabei spiele, füllt mich einfach nicht aus. Ich kann mir nicht helfen.«

»Was möchtest du denn tun?«

»Ich weiß nicht. Ich dachte es mir so schön, Operationsschwester zu sein, aber nun gefällt es mir gar nicht. Was findest du denn daran interessant, Katgut durch eine völlig phantastische Nadel zu fädeln?«

»An sich nichts. Dennoch empfinde ich ganz anders als du. Es gefällt mir, wenn die Instrumente zierlich aufgereiht auf meinem Tisch liegen. Ich nehme sie gern in die Hand. Ich liebe es, wenn der Chirurg wortlos seine Hand ausstreckt und sie um das Instrument schließt, das ich hineinlege – das richtige Instrument natürlich. Es befriedigt mich, wenn ich sehe, daß ihm nichts fehlt. Jedesmal, wenn ich an einer Operation teilnehme, habe ich das Gefühl, selber Geschichte zu machen. Ich finde es herrlich, interessant und befriedigend.«

Susys Augen füllten sich mit Tränen. »Du bist gut dran«, stieß sie hervor. »Oh, Kit, ich darf im Operationssaal nicht versagen! Mein Zeugnis würde darunter leiden. Bisher galt ich doch als eine einigermaßen brauchbare Krankenschwester.«

»Das kann man wohl sagen«, antwortete Kit warm. »Mach dir keine unnötigen Sorgen, Susy. Es hat keinen Sinn, daß du dich derartig aufreibst. Gewiß hat es schon vor dir tüchtige Schwestern gegeben, die beim Operieren nicht so gut waren. Deswegen wird die Schulleitung dich nicht gleich in Acht und Bann tun.«

»Vielleicht hast du recht. Aber es wird von uns verlangt, daß wir uns überall bewähren, nicht nur auf bestimmten Gebieten. Fräulein Lester sagte, sie müsse ungünstig über mich berichten, falls ich mich nicht bessere. Um das Maß voll zu machen, hat sie mich Dr. Carlson für eine Gallenblasenoperation zugeteilt.«

»Carlson!« Kit stieß einen Pfiff aus. »Der verspeist Operationsschwestern roh zum Frühstück.«

»Du verstehst es, zu trösten«, entgegnete Susy mit einem schwachen Lächeln.

Kit schwieg. Sie trat auf einen Fußhebel unter dem Waschbecken, wartete, bis das Wasser abgelaufen war, und trat dann auf einen anderen Hebel, um Hände und Arme unter dem reinen Wasserstrahl abzuspülen, der aus einem Hahn strömte. »Wenn ich dir doch helfen könnte!« sagte sie schließlich. »Aber ich wüßte wirklich nicht wie. Jetzt muß ich gehen. Wir müssen noch einmal ausführlicher über die Sache sprechen. Du weißt, daß mich's interessiert.«

»Ja, Kit. Vielen Dank.«

Kit verschwand, eine Tropfenspur hinter sich lassend. Susy riß sich zusammen. Es hatte keinen Zweck, den Kopf hängenzulassen und zu grübeln. Sie wollte etwas tun, um sich abzulenken.

Als sie auf den Korridor hinaustrat, erschien Dr. Barry im weißen Kittel aus der gegenüberliegenden Tür, die ins Laboratorium führte. Susys Augen leuchteten auf. Sie wollte ihm von ihren Schwierigkeiten erzählen. Doch schon im nächsten Augenblick besann sie sich anders. Es wäre taktlos, einem Chirurgen zu sagen, daß sie Operieren langweilig fand.

»Guten Tag, Susanne«, sagte er. »Ich habe hier auf Sie gewartet. Ich wollte Sie bitten, sich um einen Patienten zu kümmern.«

»Sehr gern. Warum sind Sie nicht hereingekommen?«

Er lachte jungenhaft. »Ach, das Zimmer ist mir zu weiblich. Man weiß nie so recht, was einen dort erwartet. Aber ernsthaft, Susanne, da ist ein alter Mann, Dr. Carlsons Patient. Er liegt im Narkosezimmer und ist ganz trübselig. Vielleicht könnten Sie ihn ein wenig aufmuntern. Sie verstehen so etwas.«

Susys Gesicht erhellte sich. Hier war eine Aufgabe für sie. »Natürlich. Vielen Dank, daß Sie es mir gesagt haben. Ich gehe sofort zu ihm.« Sie eilte davon.

Dr. Barry blieb reglos stehen, die Hände in den Taschen seines Kittels vergraben, während seine Augen der schlanken Gestalt mit dem roten Schopf folgten. Als sie verschwunden war, ließ er die Schultern hängen und ging mit müden Schritten ins Laboratorium zurück. Plötzlich sah er erschöpft und mutlos aus.

Im Narkosezimmer angelangt, überflog Susy zunächst einmal die Fiebertabelle des Patienten. Dann sagte sie: »Guten Morgen, Herr Tait.«

Auf dem Bett entstand eine leise Bewegung. »Guten Morgen, Schwester. Ist es schon soweit?«

»Nein, noch nicht«, antwortete sie sanft und ging näher ans Bett. Ihre Augen glitten mitleidig über den schmächtigen Körper unter der weißen Decke, über das wächserne, zerfurchte Gesicht mit dem kleinen grauen Schnurrbart, über das weiße Haar. Aus der Tabelle hatte Susy ersehen, daß Herr Tait 60 Jahre alt war. Er sah jedoch wie siebzig aus. Seine Augen klammerten sich an Susys Gesicht, während er es vermied, auf die unpersönlichen weißen Wände und den Narkoseapparat in der Ecke zu sehen. »Es ist noch nicht soweit?« Susy schüttelte den Kopf. »Das Warten macht Sie wohl nervös?«

»Ja, ein bißchen.« Sein grauer Schnurrbart zitterte leicht, als er den kläglichen Versuch machte, unbekümmert zu lächeln. »Ich weiß ja nicht, wie das hier ausgehen wird«, fuhr er fort. »Es hat zwar nicht viel zu sagen, aber ...« Er stockte.

»Aber?«

»Ach, ich bin hier so schrecklich allein. Ein Mensch in meiner Lage braucht jemand, der sich ein bißchen um ihn kümmert.«

»Haben Sie keine Angehörigen?«

»Ich habe eine Tochter. Sie ist in Californien verheiratet. Ich wollte sie nicht beunruhigen und habe ihr deshalb nichts von der Sache hier geschrieben. Vielleicht – wenn ich vorher gewußt hätte, wie das ist, wäre ich weich geworden und hätte es ihr doch mitgeteilt. Vielleicht aber auch nicht. Sie hängt sehr an mir.«

Seine Tochter wußte nicht, daß er operiert wurde. Und er sehnte sich nach ihr. Er sehnte sich nach jemand, der sich um ihn sorgte. Susy stellte sich vor, daß er ihr Vater wäre, ihr lieber Vater, allein, in Angst und voller Sehnsucht nach ihr.

Ihre warme kräftige Hand schloß sich um die von Herrn Tait. Ihre Augen waren feucht geworden.

»Sie Ärmster! Wie leid tut es mir, daß Sie so verlassen sind! Würden Sie mir erlauben – – Ich meine – ich möchte gern – den Platz Ihrer Tochter einnehmen, solange Sie hier sind. Ich – es hört sich ein wenig sonderbar an, da ich Sie ja eben erst kennengelernt habe. Aber – glauben Sie mir, ich nehme großen Anteil an Ihrem Schicksal.«

Herrn Taits kluge alte Augen lasen in ihrem Gesicht – fragend, erleichtert, gerührt.

»Ich glaube Ihnen, Schwester«, sagte er. Sein Schnurrbart zitterte wieder ein wenig. »Wenn ich noch eine zweite Tochter hätte, wäre es hübsch, wenn Sie es wären. Es ist sehr, sehr nett von Ihnen, so freundlich zu einem alten Mann zu sein.«

»Ich bin gar nicht freundlich, sondern sagte nur das, was ich fühle. Ich werde bei Ihrer Operation helfen, also die ganze Zeit über bei Ihnen sein – auch wenn Sie schlafen. Vielleicht kann ich es so einrichten, daß ich auch bei Ihnen bin, wenn Sie aufwachen. Würde Sie das freuen?«

»Das wäre sehr schön. Ich fühle mich schon jetzt viel besser.« Seine hellblauen Augen sahen sie bittend an. »Werden Sie auch wirklich die ganze Zeit über bei mir bleiben?«

»Ich verspreche es Ihnen.«

Die Augen des Alten wurden feucht. »Ihr Vater ist gewiß sehr stolz auf Sie, Schwester.«

»Ich hoffe, daß er es eines Tages sein wird«, antwortete sie einfach.

»Wie heißen Sie?«

Sie nannte ihren Namen.

»Susanne Barden«, wiederholte er langsam. »Den Namen werde ich nicht so bald wieder vergessen.«

»Und Sie fühlen sich nicht mehr verlassen?«

Er schüttelte den Kopf.

Mit einem Lächeln erhob Susy grüßend die Hand. Das Lächeln war für Herrn Tait, der Gruß galt seiner Tochter im fernen Californien. »Ich muß Sie jetzt für kurze Zeit verlassen. Haben Sie Angst vor der Narkose?«

»Nein, jetzt nicht mehr.«

Susy verließ das Narkosezimmer, um ihren Tisch zu überprüfen. Es würde natürlich alles vorbereitet sein, und sie konnte kaum noch etwas tun. Aber sie fühlte das Bedürfnis, sich davon zu überzeugen, daß nichts fehlte. Es erschien ihr wie eine Art Treuegelöbnis zu Herrn Tait.

Sie musterte den Tisch mit aufmerksamen Augen. Wenn sie mit dem Bürsten fertig war, wollte sie noch ein paar Nadeln, Nadelhalter und Katgut hinzufügen. Vielleicht sollte sie auch noch ein zweites Paar Gummihandschuhe bereithalten. Sie würden wahrscheinlich nicht gebraucht werden, aber es konnte nichts schaden, sie in Reserve zu haben – für alle Fälle.

Nachdenklich bürstete sie sich Hände und Arme. Warum mußte es ausgerechnet Dr. Carlson sein, der heute operierte? Sie hatte noch nie mit ihm zusammen gearbeitet, wußte aber aus Erzählungen, daß er schwierig und anspruchsvoll war. Fräulein Lester würde sie nicht aus den Augen lassen. Wenn immer Dr. Carlson einen Wutanfall bekäme, würde sie natürlich denken, sie wäre schuld daran. Susys Augen füllten sich vor Nervosität mit Tränen, die ihr die Wangen hinunterliefen, als ihr noch etwas anderes einfiel. Augenblicklich waren alle Operationsschwestern beschäftigt, aber einige würden gewiß frei sein, bevor Herrn Taits Operation beendet war. Wenn Fräulein Lester aus irgendeinem Grund unzufrieden war, würde sie Susy während der Operation durch eine andere Schwester ablösen lassen.

Und Susy hatte Herrn Tait doch versprochen, die ganze Zeit über bei ihm zu bleiben! Sie mußte ihr Versprechen halten, komme was wolle.

Susy klammerte sich nur noch an diesen einen Gedanken. Sie dachte nicht mehr an ihren Ruf als Krankenschwester. Der war sowieso dahin, wenn sie Dr. Carlson assistieren mußte. Die Hauptsache war jetzt, daß es ihr gelang, bei dieser Operation durchzuhalten. Vielleicht, wenn Dr. Carlson guter Laune war – –

Aber Dr. Carlson war durchaus nicht guter Laune. Das sah Susy sofort, als sein gewaltiger Körper mit dem roten Gesicht in der Tür des Operationssaales erschien. Er warf einen kurzen Blick auf Herrn Tait, der unter der Obhut der Narkoseschwester schlummerte, und sagte dann mit unheimlicher Freundlichkeit zu den beiden Operationsschwestern und den Assistenzärzten Dr. Sutton und Dr. Parker, er erwarte, alle so ungeschickt wie gewöhnlich zu finden.

Die Assistenzärzte wechselten einen Blick. Die Narkoseschwester sah mit unverhohlenem Mitleid zu Susy hin.

Fräulein Lester half Dr. Carlson in den Operationsmantel und band ihm die Maske um. Der große Mann riß schnaubend seine Gummihandschuhe vom Tisch und streifte sie über, ohne Susys Hilfe abzuwarten. Fräulein Lester, die noch nervöser als Susy zu sein schien, warf ihr einen mißbilligenden Blick zu.

Nun musterte Dr. Carlson den Tisch der Assistenzärzte. Immer noch schnaubend, nahm er ein Instrument in die Hand, prüfte es und warf es mit einem vernichtenden Blick auf Dr. Parker beiseite. Dann kam Susys Tisch an die Reihe.

»Wo sind meine Nadelhalter?«

»Hier unter dem Tuch.«

»Was ist das?«

»Das sind Ersatzhalter für den Fall, daß etwas passieren sollte. Ich dachte...«

»Das Denken überlassen Sie bitte mir! Es wird nichts passieren.«

»Ach, du lieber Gott!« hauchte die zweite Operationsschwester.

Dr. Carlson wandte sich schwerfällig um und durchbohrte den zitternden Krankenpfleger fast mit den Augen. »Wer ist das?«

Fräulein Lester erklärte hastig, das Personal wäre knapp,

und sie hätte daher einen neuen Mann für Dr. Carlsons Operation nehmen müssen. Es täte ihr sehr leid, aber sie wäre überzeugt, daß er seine Sache gut machen würde.

Dr. Carlson schnaubte wieder. Dann wandte er sich dem Patienten zu. Sofort veränderte sich sein ganzes Wesen. Plötzlich war der große Mann besorgt, sanft und freundlich, aber nur für kurze Zeit.

»Sind Sie imstande, den Patienten unter Narkose zu halten, bis ich mit der Operation fertig bin?« fragte er die Narkoseschwester mit grimmiger Miene.

Sie sah ihn beleidigt an. »Ja, gewiß.«

Er lächelte boshaft. »Na, Jungens, dann reißt euch gefälligst ein bißchen zusammen!« Er nahm das kleine Messer in die Hand.

Es entstand ein langes Schweigen. Susy, die nur daran dachte, daß Herrn Taits Leben in den Händen des Arztes lag, reichte diesem aufmerksam Gazetupfer und Klammern. Dr. Carlson war einer der besten Chirurgen, denen Susy jemals zugeschaut hatte. Bewundernd beobachtete sie seine Hände, die sich geschickt, zart und mit unglaublicher Schnelligkeit und Präzision bewegten. Während er arbeitete, entging ihm kein Atemzug des Patienten, nicht der leiseste Wechsel seiner Gesichtsfarbe.

Plötzlich sagte er grob: »Gehen Sie mit Ihren kleinen Händen weg, Parker! Operiere ich, oder operieren Sie?«

Dr. Parker wurde rot. Er litt darunter, klein zu sein, und Dr. Carlson wußte das.

Wieder herrschte Schweigen. Nur das ruhige Atmen von Herrn Tait war zu hören.

»Heißes Kochsalz!« befahl Dr. Carlson.

Susy tauchte eilig Gaze in die heiße Flüssigkeit, sah, daß er Klammern brauchte, und reichte sie ihm. Dr. Carlson versuchte eine Klammer, die mit der Bosheit lebloser Dinge plötzlich den Dienst versagte. Der massige Mann stieß einen Fluch aus und schleuderte die Klammer durch den Saal. Fast hätte sie das Gesicht einer Operationsschwester getroffen, die gerade durch die Tür trat.

»Unbrauchbar!« schrie Dr. Carlson. Susy wußte nicht, ob er sie oder die Klammer meinte. Das war ihr im Augenblick auch vollkommen gleichgültig. Er operierte wunderbar. Es kam nicht darauf an, was er sagte.

Fräulein Lester machte einen Schritt auf die Operationsschwester zu, die an der Tür stehengeblieben war. Dann zögerte sie und sah sich nach Susy um. Susy wurde ein Wunder an Schnelligkeit. Sie übersah nichts und ahnte alles voraus. Fräulein Lester wandte sich wieder dem Tisch zu.

Susy dachte innig an den stillen Mann auf dem Operationstisch. »Ich bin bei dir!«

Eine Zeitlang ging alles gut. Ein paarmal reichte Susy dem Chirurgen etwas, bevor er Zeit gefunden hatte, es zu verlangen. Er warf ihr einen neugierigen Seitenblick zu. Plötzlich wandte er sich ganz unerwartet um und starrte auf ihren Tisch.

Susy stockte das Herz. Sie hatte keine Ahnung, was er haben wollte.

»Alles wissen Sie doch nicht«, schnaubte er. »Krankenpfleger!«

»Ja?«

»Alkohol!«

Der Krankenpfleger erblaßte und warf Susy einen hilfeflehenden Blick zu. Sie nickte mit dem Kopf zu einem Regal an der Wand hin, auf dem einige Flaschen standen. Fräulein Lester mußte wissen, daß Susy das unmöglich vorausgeahnt haben konnte.

Der Krankenpfleger hastete durch den Raum, während sein Adamsapfel sich auf und nieder bewegte, ergriff die Flasche, auf der ›Alkohol‹ stand, und kam damit zurück. Dr. Carlson streckte, ohne aufzusehen, die Hand aus, in der er einen Gazetupfer hielt. Er erwartete, daß der Krankenpfleger den Alkohol in eine Schüssel gießen würde. Aber bevor jemand es verhindern konnte, stellte der aufgeregte Mann die schwere unsterile Flasche auf die ausgestreckte Hand mit dem sterilen Handschuh, der natürlich sofort unsteril wurde.

Es folgte ein Krachen und ein Gebrüll. Die Flasche zerschellte auf dem Boden. Der Alkohol ergoß sich über Dr. Carlsons Füße.

»Sie Esel!« schrie er wütend. »Scheren Sie sich raus!«

Der Krankenpfleger floh, am ganzen Leibe bebend, aus dem Saal. Fräulein Lester kreischte auf. Dr. Carlson watete fluchend in dem Alkohol umher, riß die Handschuhe herunter und streckte seine unsterile Hand weit von sich, als wäre sie aussätzig.

Dann wandte er sich zu Susy. Sie hörte ihn schnauben und schnaufen. Bevor er ein Wort hervorbringen konnte, hielt sie ihm ruhig die neuen sterilen Handschuhe hin.

Es war, als hätte sie dem Niagarafall Halt geboten. Sie sah die geöffneten Münder der Assistenzärzte. Sie sah Fräulein Lester in ängstlicher Erwartung beben. Sie sah Dr. Carlson, dunkelrot im Gesicht, sprachlos, im Begriff loszubrechen. Alle kamen ihr unglaublich komisch vor, und sie mußte unwillkürlich grinsen. Dr. Carlson durchbohrte sie schweigend mit den Augen.

»Jetzt ist alles aus«, dachte sie schnell ernüchtert. »Er hat gesehen, daß ich gelacht habe.«

Sie starrte auf die Brust von Herrn Tait, die sich langsam hob und senkte, und wartete auf den Ausbruch des Sturms, der sie sogleich hinter dem Krankenpfleger aus dem Saal fegen würde.

Wortlos schlüpfte Dr. Carlson in die neuen Handschuhe und wandte sich wieder dem Patienten zu.

»Alles in Ordnung?« fragte er die Narkoseschwester.

»Ja, Dr. Carlson. Nur der Puls ist ein wenig schwach.«

Weiter wurde nichts gesprochen. Aber Susy spürte, daß Dr. Carlson sie ein paarmal ansah, während sie flink und geschickt hantierte. ›Er will die Operation beenden, bevor er mich vernichtet‹, dachte sie bei sich. Und das war gut so, denn auf diese Weise konnte sie ihr Versprechen halten, die ganze Zeit über bei dem einsamen alten Mann zu bleiben. Das war alles, worauf es ihr jetzt ankam.

Endlich richtete Dr. Carlson sich auf. »Machen Sie zu

Ende, Parker.« Er streifte seine Handschuhe ab. Fräulein Lester half ihm hastig aus dem Mantel. Der große Mann streckte seine Glieder. »Wie heißt die Schwester da?« fragte er Fräulein Lester.

Jetzt kam es. Susy hatte ihn lächerlich gemacht. Sie hatte es gewagt, ihm ins Gesicht zu lachen. Das würde er ihr niemals verzeihen.

»Es ist Schwester Barden«, antwortete Fräulein Lester.

»Soso, Barden.« Er starrte Susy an. Dann wandte er sich wieder zu Fräulein Lester, die sichtlich kleiner zu werden schien. »Diese junge Dame glaubt, sie wäre tüchtig«, schnaubte er mit einer Kopfbewegung zu Susy hin. »Und, bei Gott, sie ist wirklich tüchtig! Eine gute Operationsschwester mit Sinn für Humor.« Er grinste. »Sie hat mich ausgelacht! Ausgelacht!« Sein Gelächter dröhnte durch den Raum. Dann sagte er zu Susy: »Sie verlieren nicht den Kopf, wenn Sie mit mir arbeiten. Warum nicht?«

Susy blickte ihn mit ihren jungen klaren Augen an und sagte ernst: »Sie sind ein so wunderbarer Chirurg, daß es ganz gleichgültig ist, was Sie sonst tun.«

»Na, das ist doch ...« Er sah sie lange an. Dann schluckte er sonderbar. »Danke!« stieß er rauh hervor. »Fräulein Lester, sorgen Sie bitte dafür, daß Schwester Barden mir in Zukunft bei allen Operationen assistiert.«

»Ja, Dr. Carlson.«

Connie hat ein Erlebnis

Susy war mehr bedrückt als erfreut über ihren Erfolg im Operationssaal. Sie wußte ja, daß sie ihn nur ihrer Anteilnahme an Herrn Tait zu verdanken hatte. Nach wie vor empfand sie die Tätigkeit einer Operationsschwester als unbefriedigend.

›Und so sitze ich mitten in meinem Seniorenjahr auf dem Trockenen‹, dachte sie niedergeschlagen. ›Ich habe keine Lust, Operationsschwester zu werden, wenn ich mein Diplom habe. Aber ich muß mich bald entschließen, was ich eigentlich will.‹

Vielleicht konnte Fräulein Waring ihr einen Rat geben. Sie hatte immer Verständnis für Susys Nöte gezeigt.

Susy fand Fräulein Waring in ihrem Zimmer mit Briefeschreiben beschäftigt. Die klaren grauen Augen der jungen Oberschwester leuchteten auf, als sie eintrat. »Susanne Barden! Kommen Sie, setzen Sie sich hierher! Ich mache Ihnen diesen Stuhl frei.«

»Danke, bemühen Sie sich nicht.« Susy ließ sich aufs Bett fallen. »Ach, Fräulein Waring, ich habe wieder mal etwas auf dem Herzen. Sie werden sicherlich denken, daß ich nur zu Ihnen komme, wenn ich nicht mehr weiter weiß.«

»Das macht doch nichts«, entgegnete Fräulein Waring herzlich. »Ich weiß, wie es im Seniorenjahr zugeht. Man kommt niemals zu den Dingen, die man gern tun möchte. Was gibt es denn?«

Susy erzählte, was sie bedrückte, während Fräulein Waring aufmerksam zuhörte. »Ich hatte mir immer gewünscht, Operationsschwester zu werden«, schloß sie. »Und nun entdecke ich plötzlich in letzter Minute, daß mir die Arbeit gar nicht liegt. Ich weiß nicht, was ich eigentlich will, für welche Tätigkeit ich mich am besten eigne. Können Sie mir vielleicht einen Rat geben?«

Fräulein Waring sah Susy nachdenklich an. »Das ist nicht so einfach. Im Grunde kann niemand einem anderen Menschen raten, was er tun soll. Aber ich meine, Sie haben ein Talent dazu, mit Menschen umzugehen. Sie sind sehr aufgeschlossen. Sie lieben die Menschen, und diese fühlen das. Es ist eigentlich kein Wunder, daß Sie nicht besonders interessiert an der Arbeit im Operationssaal sind. Sie ist dramatisch, aber kühl und mechanisch. Sie jedoch lieben die lebendige Wärme menschlicher Wesen.«

»Genau so ist es!« rief Susy.

»Sie müßten also einen Zweig der Krankenpflege wählen, der Ihnen einen entsprechenden Wirkungskreis bietet. Vielleicht wollen Sie Stationsschwester werden. Haben Sie schon einmal daran gedacht?«

»Nein.« Susy überlegte ein wenig. »Wie soll ich wissen, ob ich mich dazu eigne? Nur wenige von uns haben die Chance, Oberschwester zu werden. Vielleicht bin ich gar nicht unter diesen. Wie soll ich dann aber herausfinden, ob ich mich zur Stationsschwester eigne?«

Fräulein Waring lächelte. »Da sehen Sie, wie wenig mein Rat Ihnen nützt. Ich fürchte, Sie können nichts tun als abwarten. Ist Ihre Zeit im Operationssaal bald zu Ende?«

»Ja. Ich habe schon mehr als die fünfundzwanzig Operationen hinter mir, die ich für mein Diplom brauche. Wahrscheinlich werde ich die Operationsabteilung bald verlassen.«

»Und dann?«

»Ich glaube, dann kommt Geburtshilfe dran. Zehn aus meiner Klasse gehen am ersten Januar zur Johannes-Klinik. Sicherlich werde ich auch dabei sein.«

»Wollen Sie Säuglingsschwester werden?«

Susy schüttelte den Kopf. »Ich denke mir die Arbeit sehr schön, möchte sie aber nicht beruflich ausüben.«

»Nun, dann kommt das auch nicht in Frage.«

Die Unterhaltung mit Fräulein Waring erzielte also kein Resultat. Aber die von ihr angedeutete Möglichkeit einer Laufbahn als Stationsschwester ging Susy durch den Kopf. Sie sprach abends mit Kit und Connie darüber.

»Vielleicht hat sie recht«, meinte Kit, »vorausgesetzt, daß die Schulleitung dich zur Oberschwester macht. Stationsschwester würde ich auch gern werden. Erst im Operationssaal ist mir klargeworden, wie sehr mir das Organisieren liegt.«

»Und du, Connie?« fragte Susy.

Connie überraschte die beiden mit der Eröffnung, daß sie Narkoseschwester werden wollte.

»Ich bin ganz versessen darauf. Ich glaube, ich bin ein

Individualist. Ich finde es wunderbar, wie zurückgezogen und unbemerkt die Narkoseschwester auf ihrem Platz sitzt, obwohl doch eigentlich alles von ihr abhängt. Und jeder Fall ist anders, wie viele es auch sein mögen. Man muß eine Art sechsten Sinn bei dieser Arbeit haben. Auf jeden Fall bin ich heute zur Schulleitung gegangen und habe darum gebeten, einen Sonderkursus in Narkose machen zu dürfen. Es ist ...« Connie schwelgte weiter und ließ ihrer Begeisterung freien Lauf – die kleine Connie, die sich so sehr vor dem Operationssaal gefürchtet hatte –, bis Kit spöttisch zu Susy sagte:

»Falls du es gern wissen möchtest, Connie will Narkoseschwester werden.«

Connie lachte. Das Gespräch wandte sich anderen Dingen zu, vor allem der Frage, was sie zu dem Ball der Hausärzte am Weihnachtsabend anziehen sollten. Es waren noch drei Wochen bis Weihnachten, aber Kit meinte, es wäre niemals zu früh, die Kleiderfrage zu besprechen. Während sie sich mit diesem angenehmen Thema beschäftigten, vergaß Susy ihre Probleme.

Sie hatte recht mit ihrer Vermutung gehabt. Nach einer Woche teilte die Schulleitung ihr mit, daß sie am ersten Januar zur Johannes-Klinik gehen sollte.

»Bis dahin möchte ich Sie noch im Operationssaal lassen«, sagte Fräulein Mason. »Dr. Carlson hat ausdrücklich darum gebeten.«

Das war eine Auszeichnung, und Susy freute sich darüber. Solange sie mit Dr. Carlson zusammenarbeitete, würde alles gutgehen. Getrost bereitete sie sich auf einen weiteren Monat im Operationssaal vor. Ein Monat war eine lange Zeit, wenn man ihn mit Sorgen verbrachte. Warum sich also Sorgen machen?

Unterdessen hatte der Winter begonnen. Aus dem bleigrauen Himmel fielen die ersten leichten Schneeflocken. Langsam schwebten sie durch die Luft und deckten Häuser und Rasenflächen allmählich mit einer weißen Decke zu. In den Krankensälen herrschte bereits geschäftiges vorweihnachtliches Treiben. Diesmal nahm Susy nicht daran teil. Weihnachten ohne Patienten würde recht trübselig sein, dachte sie manchmal. Sie machte jetzt keinen Stationsdienst mehr.

Die Geräusche in den Straßen der Stadt klangen winterlich. Da war das gedämpfte Sausen der Wagen auf den schneebedeckten Straßen und das Schlagen der Schneeketten, das dünne Klagen der Pfeifen von den Ständen, wo heiße Kastanien verkauft wurden, das frostige Bimmeln der Heilsarmeeglocken. Nachts funkelten die Sterne kalt und grün am Himmel. In den Schaufenstern glitzerte Weihnachtsschmuck, flackerten bunte Lichter.

»Hu, ist das kalt draußen!« Mit diesen Worten stürmte Connie an einem Spätnachmittag in Susys Zimmer. Sie war mit Paketen beladen. Ihre Augen glänzten auffallend.

»Du hast etwas erlebt«, sagte Kit, die auf dem Bett lag. Susy saß in einem Sessel am Fenster und manikürte sich. Neugierig sah sie auf.

»Los, Connie, erzähle!« rief Kit.

Connie lachte, warf ihre Pakete achtlos aufs Bett und sah die beiden strahlend an.

»Ja, ich habe etwas erlebt. Etwas Wunderbares!«

»Was denn?« fragte Kit.

»Der netteste Mann, dem ich jemals begegnet bin, fiel direkt auf mich herauf.«

»Fiel ...«

»Und so etwas gefällt dir?«

»Er war reizend«, sprudelte Connie hervor. »Nicht besonders groß, blond und mit einer Brille. Er glitt auf der Untergrundbahntreppe aus und riß mich mit sich. Wir fielen beide hin. Meine Pakete flogen überall umher. Er entschuldigte sich überschwenglich und gab mir seine Karte. Hier ist sie.« Sie zog eine Visitenkarte aus der Tasche und zeigte sie den Mädchen. Darauf stand ›Philipp Sander‹.

»Er ist Dichter«, verkündete Connie stolz.

Susy und Kit quiekten auf.

»Dichter!«

»Ach, du armes Mädchen!«

»Er ist ein guter Dichter«, erklärte Connie bestimmt. »Drei Gedichte von ihm wurden schon veröffentlicht. Er hat sie mir gezeigt. Er ist bei einer Zeitung angestellt und ...«

»Hat er dir das alles erzählt, während ihr auf der Erde lagt?« fragte Kit. »Habt ihr euch wenigstens aufgerichtet, oder lagt ihr einfach da und plaudertet miteinander?«

»Ach, Unsinn! Er hob mich natürlich auf und klopfte mich ab. Er war schrecklich nett.«

»Und wann hat er dir seine Lebensgeschichte erzählt?«

Connie errötete. »Na – wenn du es durchaus wissen willst – er brachte mich nach Hause – nachdem wir zusammen Tee getrunken hatten. Auf dem Heimweg erzählte er mir alles über sich – ich meine, außer dem, was er mir schon beim Tee erzählt hatte.«

»Tee!« rief Kit kichernd. »Er brachte dich nach Hause! Weißt du nicht, daß es unschicklich ist, sich mit einem Mann zu unterhalten, den man auf der Straße kennengelernt hat?«

»Ich habe ihn doch nicht auf der Straße kennengelernt! Es war nicht so, wie du denkst. Er gab mir Auskunft über seine Familie und war so nett und fragte höflich, ob er mich heimbringen dürfte.«

»Das ist natürlich etwas anderes«, sagte Kit spöttisch.

»Er gab dir Auskunft über seine Familie!« rief Susy. »Wie entzückend altmodisch!«

»Nicht wahr?« Connie blieb unbeirrt.

»Und dann hast du seine freundliche Einladung für morgen zum Abendessen angenommen?«

Connie sah Kit überrascht an. »Ja, das habe ich. Und ich freue mich sehr darauf.«

Mit diesen Worten ergriff sie ihre Pakete und verließ das Zimmer. Susy und Kit starrten ihr verdutzt nach.

»Was sagst du dazu?« fragte Kit.

»Ich finde es herrlich. Er scheint sehr nett zu sein.«

»Hm, ja. Hoffentlich wird was draus – falls er wirklich nett ist. Es wäre ihr zu gönnen.«

»Das ist wahr.« Susy legte ihre Saumschere hin und stand auf. »Ich habe Hunger. Wollen wir zum ersten Abendessen gehen?«

»Ja, komm. Mir knurrt auch schon der Magen. Wir wollen Connie aus ihren Träumen von ihrem Untergrundbahnhelden reißen.«

Susy nahm ihre Haube von der Kommode und setzte sie auf. Während sie mit Kit aus dem Zimmer ging, meinte sie: »Wenn sich herausstellt, daß er in Ordnung ist, muß Connie ihn zum Weihnachtsball einladen.«

Der Weihnachtsball

Alles, was Kit und Susy während der nächsten drei Wochen von Philipp Sander erfuhren, war, daß er sich als genau so reizend erwies, wie Connie erwartet hatte. Sie ging mindestens dreimal in der Woche mit ihm aus. Wenn sie am Sonntagnachmittag frei hatte, verschwand sie schon vor dem Essen und kam erst spät abends wieder, eine neue Sanftheit in Blick und Stimme. Sie sprach gelegentlich von ›Phil‹, machte aber keinerlei Anstalten, ihn Kit und Susy vorzustellen, obwohl diese fast vor Neugier vergingen.

»Ich glaube, er dichtet sie an«, sagte Kit zu Susy. »Gestern abend wollte ich mir ein paar Knöpfe von ihr borgen und ging, da ihre Tür offen stand, ohne anzuklopfen, in ihr Zimmer. Sie hielt einen Zettel in der Hand, den sie geradezu mit den Augen verschlang. Als sie mich sah, wurde sie feuerrot und steckte ihn schnell in ihre Schürzentasche.«

»Das war bestimmt ein Gedicht.«

»Warum macht sie uns bloß nicht mit ihm bekannt?« Susy dachte ein wenig nach. »Vielleicht möchte sie lieber mit ihm allein sein. Nun, wir werden ihn bald kennenlernen. Sie hat ihn zum Weihnachtsball eingeladen.«

»Woher weißt du, daß sie ihn eingeladen hat?«

»Sie erzählte es mir heute nachmittag. Wir kamen gerade vom Essen und gingen zur Operationsabteilung zurück. Da sagte sie plötzlich aus heiterem Himmel, gar nicht übersprudelnd wie gewöhnlich, sondern ganz ruhig: »Ich habe Phil zum Weihnachtsball eingeladen. Er wird kommen, wenn er sich einen Abendanzug leihen kann, der ihm paßt – der arme Süße.«

»Himmel, Susy! Hat sie wirklich ›der arme Süße‹ gesagt?«

»Ja. Dabei kündigte sie sein Erscheinen in einem Ton an, als handelte es sich um den Präsidenten der Vereinigten Staaten. Er muß doch furchtbar arm sein, wenn er keinen eigenen Abendanzug besitzt. Und Connie hat so viel Geld. Glaubst du, daß er das weiß? Er wird doch nicht etwa ...« Sie brach ab, weil sie nicht denken mochte, Phil könne hinter Connies Geld her sein.

Kit zuckte die Achseln, und sie sprachen nicht weiter über diesen Punkt. Die Neugier der beiden Mädchen blieb weiterhin unbefriedigt. Vor dem Ball bekamen sie Phil nicht zu sehen.

Auch diesmal sorgten die Hausärzte für die Unterhaltung am Weihnachtsabend. Die Art der Veranstaltungen war jedesmal verschieden gewesen. Im vergangenen Jahr hatten sie ein Theaterstück aufgeführt, vor zwei Jahren war eine Reihe kleinerer Vorführungen gezeigt worden, auf die allgemeiner Tanz folgte.

In diesem Jahr sollte nun ein großer Ball stattfinden, und zwar in dem Wohnzimmer von Haus Grafton, das fast so groß wie ein Saal war. Die Ärzte hatten ein kaltes Büfett und ein Orchester von acht Mann bestellt. Alle ohne Ausnahme waren eingeladen und durften Freunde mitbringen. Drei Tage lang wurde an der Ausschmückung des Wohnzimmers gearbeitet. Schwestern, die arglos in Pyjamas oder Morgenröcken durchs Haus gingen, flohen kreischend bei dem Anblick männlicher Gestalten, die auf Leitern umherkletterten. Nachtschwestern beschwerten sich über das ewige Gehämmer. Das Küchenmädchen trat auf einen Nagel und mußte zur Unfallstation gebracht werden. Aber bald gewöhnten sich die Schwestern daran, ihr Wohnzimmer in einen grünen Tannenwald verwandelt zu sehen, sich an Stechpalmen zu stechen und unter Mistelzweigen hindurchzugehen, die über jeder Tür hingen.

Susy machte es Freude, sich zum Ball umzuziehen. Sie hatte so lange Zeit Tracht getragen, daß die seidene Unterwäsche und die dünnen Seidenstrümpfe ihr das Gefühl gaben, ein ganz anderer Mensch zu sein. Es erschien ihr fast unglaublich, daß die Füße, die sie nun in leichte silberne Sandalen steckte, dieselben Füße waren, die tagsüber in Schuhen mit flachen Absätzen auf dem gekachelten Fußboden des Operationssaales gestanden hatten.

»Susy!« rief Kit vor der Tür. »Kann ich hineinkommen?«

»Natürlich.«

Die Tür wurde geöffnet, und Kit rauschte in einem schwarzen Tüllkleid ins Zimmer.

»Kit, du siehst fabelhaft aus!« rief Susy. »Wie eine internationale Spionin im Film.«

Kit strahlte. »Das freut mich. In einem schwarzen Kleid komme ich mir immer vor, als hätte ich eine rasend interessante Vergangenheit voller Duelle und Selbstmorde hinter mir. Beeil dich, Susy. Phil ist hier. Connie ist schon hinuntergegangen.«

»Wirklich? Wir werden ihn also endlich kennenlernen. Wie sieht Connie aus?«

»Einfach süß! Sie hat ein entzückendes türkisfarbenes Kleid an. Aber das macht es nicht allein. Sie leuchtet von innen her. Glaubst du, Liebe würde mich auch so verschönern?« Kit besah sich prüfend im Spiegel.

Susy lachte, nahm ein duftiges rauchblaues Chiffonkleid vom Stuhl und streifte es über den Kopf. Leise raschelnd fiel es über die seidene Unterwäsche.

»Donnerwetter!« rief Kit bewundernd. »In dem Kleid siehst du blendend aus.«

Strahlend sah Susy in den Spiegel. Die rauchblaue Farbe

hob das Leuchten ihrer Haare und die Zartheit ihrer Haut noch mehr hervor. Ihre Augen glänzten groß und dunkel.

»Es ist hübsch, nicht wahr?« Susy lachte glücklich und erregt. »Ich komme mir wie verzaubert vor.«

Sie betupfte ihre Nase noch einmal mit Puder und schlüpfte in den Abendmantel aus schwarzem Samt, den die Mutter ihr zu dem Kleid gemacht hatte. »Komm! Ich sterbe vor Verlangen, Phil zu sehen.«

Der Fahrstuhl quietschte wie gewöhnlich, während er sie zum ersten Stock hinunterbeförderte. Connie und Phil saßen gesittet in einer Nische des Wohnzimmers.

Connie, klein und zart in ihrem türkisfarbenen Abendkleid, kam ihnen mit leuchtenden Augen entgegen.

»Ihr seht entzückend aus!« sagte sie. Und dann, ein wenig scheu: »Kommt, ich stelle euch Phil vor.«

Er stand abwartend in der Nische, ein kleiner, ernst blickender junger Mann in Schwarzweiß. Als Connie ihm winkte, kam er hastig auf sie zu. Susy hatte ihn auf den ersten Blick gern. Er hatte ein festes Kinn und einen ernsten Mund. Seine grauen Augen hinter der Hornbrille blickten ruhig, sanft und freundlich.

Susy atmete erleichtert auf. Dies war kein Mitgiftjäger, sondern ein sehr sympathischer Junge.

Seine Stimme war leise und wohlklingend. »Ich habe soeben schon zu Connie gesagt, sie solle nicht erschrecken, wenn sie plötzlich so etwas wie einen Pistolenschuß hört. Dieses steife Hemd gehört jemand, der bedeutend schlanker ist als ich. Bei der geringsten Bewegung, die ich mache, kracht es wie ein Eisberg.« Er lachte. »Es kann jeden Augenblick auseinanderknallen, wie man das manchmal in komischen Filmen sieht.«

»Er ist süß«, dachte Susy und lächelte ihn an. »Im Notfall stecken Sie einfach einen Stechpalmenzweig an Ihren Kragen«, sagte sie. »Und wir erzählen allen Leuten, Sie seien ein exzentrischer Mensch.«

Plötzlich sagte eine Männerstimme hinter ihr: »Fröhliche Weihnachten!«

Sie wandte sich um. »Bill! Ihr Anblick macht mich ganz klein und zaghaft. Sie sehen so – so imponierend aus im Abendanzug.«

Bill errötete ein wenig und musterte sie lächelnd. »Sie sehen bezaubernd aus, Susanne.«

Susy erinnerte sich an ihre Pflichten. »Darf ich bekanntmachen? Herr Sander – Dr. Barry.«

Die beiden Männer schüttelten sich herzlich die Hände. Susy dachte: ›Philipp Sander gefällt Bill, also ist er in Ordnung.‹

Der große Raum füllte sich immer mehr. Nun begannen die Musiker, die bisher ihre Instrumente gestimmt hatten, eine beschwingte Melodie zu spielen.

»Wollen wir tanzen?« fragte Bill.

Er tanzte nicht besonders gut und führte sie mit besorgtem Gesicht durch die Menge. Heute sah man nur hier und da jemand in Tracht. Die meisten Schwestern und Ärzte waren in Abendtoilette erschienen und beinahe nicht wiederzuerkennen.

Bill machte leichte Konversation. Wie die meisten mittelmäßigen Tänzer versuchte er von seiner Unsicherheit durch Sprechen abzulenken. Susy murmelte Antworten. Es war angenehm, mit Bill zu tanzen, stellte sie fest. Seine Schulter befand sich dicht neben ihrer Wange. Sie war breit und zuverlässig, eine gute Schulter, auf die man sich im Notfall stützen konnte.

Eine Hand berührte Susys Ellenbogen, und das hübsche Gesicht Dr. Lamsons tauchte vor ihr auf. Er kam, um Bill abzulösen. Bill wandte sich verdrossen ab und ging wortlos davon.

Dr. Lamson tanzte ausgezeichnet. Er führte Susy leicht und geschickt, völlig im Einklang mit der Musik. Dabei hielt er sie dicht an sich gepreßt – zu dicht. Susy rückte ein wenig von ihm ab, aber er zog sie sogleich wieder an sich. Er sprach kein Wort während des Tanzes und geleitete sie danach schweigend zu ihrer Nische. »Darf ich auch den nächsten Tanz haben?« bat er dann.

Philipp Sander fing einen flehenden Blick Susys auf.
»Tut mir leid«, sagte er schnell. »Aber der nächste Tanz gehört mir, nicht wahr, Susanne?« Er tat, als kennten sie sich schon lange und hätten bereits verabredet, den nächsten Tanz miteinander zu tanzen.

»Das war nett von Ihnen«, sagte Susy dankbar, während sie durch den Saal schwebten. »Ich habe gar nichts gegen Dr. Lamson. Aber er ist manchmal ein bißchen zudringlich.«

»Geben Sie mir einen Wink, wenn Sie von ihm befreit werden wollen«, antwortete Phil. Susy wunderte sich ein wenig über seinen grimmigen Ton. Ob alle Männer Dr. Lamson nicht mochten? Sie schaute über Phils Schulter nach Bill aus, aber er war nirgends zu sehen. Wie ärgerlich er fortgegangen war! Nun, er würde darüber wegkommen müssen.

Das Orchester spielte vorzüglich, und es verbreitete sich bald eine festliche Stimmung. Junge Füße, die es gewohnt waren, im Dienst für das Krankenhaus über Steinfußböden und Linoleum zu eilen, glitten leicht im Rhythmus der Musik dahin. Hin und wieder erschien ein Mädchen an der Tür und fragte flüsternd nach einem Arzt, der sogleich eilig davonging. Nachtschwestern in Tracht, im Begriff zum Dienst zu gehen, blieben einen Augenblick an der Tür stehen und wurden von ausgelassenen Hausärzten mit einem »Ach, bitte nur eine Runde!« entführt. Alle Augen glänzten vor Lebensfreude. Gelächter, Geplauder und Gesang erfüllte den großen Saal.

Susy tanzte mit Dr. Parker, der schon lange auf eine Gelegenheit dazu gewartet hatte und bitter enttäuscht war, als Dr. Lamson ihn ablöste. Dann tanzte sie wieder mit Bill, der lächelnd und ruhig zurückgekehrt war. Sie fühlte sich unbeschreiblich glücklich. Es war ein herrlicher Abend, die Musik spielte wundervoll, und es war Weihnachten.

Wenn Philipp Sander es übers Herz brachte, Connie für kurze Zeit allein zu lassen, unterhielt er sich mit Susy. Einmal, als sie zusammen tanzten, bat er schüchtern: »Erzählen Sie mir ein wenig von Connie. Wie ist es, wenn man sie immer um sich hat? Sie erscheint mir so entzückend, aber manchmal sehr fern. Ich möchte gern wissen, was sie für ihre Freundinnen bedeutet.«

»Für mich ist sie einer der liebsten Menschen, die ich kenne«, antwortete Susy warm. »Außerdem ist sie der beste Kamerad der Welt. Sie hätten nur sehen sollen, wie sie mir, als wir eines Abends ausgeschlossen waren, auf den Efeu am Schwesternhaus hinaufhalf. Nachdem ich durch ein Fenster geklettert war, standen Connie und Kit stundenlang draußen in der Kälte, bis ich sie ins Haus lassen konnte.« Sie erzählte ihm die Einzelheiten ihres gemeinsamen Streichs.

Er lachte schallend. »Das sieht ihr recht ähnlich!«

Als der nächste Tanz begann, tauchte wieder der unvermeidliche Lamson auf und entführte Susy, bevor Phil Zeit fand, sich aus seinen Gedanken an Connie zu reißen. Lamson benahm sich jetzt besser. Dennoch war Susy froh, daß Fräulein Mason ihn mit wachsamen Augen beobachtete. Zehn Minuten vor elf mußten die Nachtschwestern Musik und Tanz verlassen und gingen schweren Herzens zu ihren Stationen.

»Das ist bedauerlich«, flüsterte der unermüdliche Dr. Lamson Susy ins Ohr. »Nun sind noch mehr Männer frei, um mich auszustechen. Und ich möchte Sie doch für mich allein haben.«

»Reden Sie keinen Unsinn!« antwortete Susy ärgerlich.

Er ging überhaupt nicht darauf ein. »Sie werden mir vielleicht nicht glauben«, sagte er, während er geschickt einen Zusammenstoß mit dem dicken Dr. Adler und seiner Partnerin vermied, »aber ich hatte mir eine hübsche kleine Ansprache für Sie ausgedacht. Leider vermag ich sie jetzt beim besten Willen nicht zu halten. Ich kann nur sagen, wie reizend ich Sie finde.«

»Ich wünschte, Sie würden damit aufhören. Das ist wirklich nicht nötig.«

»Nicht nötig!« rief er lachend. Dann wurde er ernst.

»Meine Liebe«, flötete er, »Sie werden sich daran gewöhnen müssen, daß ich Ihnen sage, wie reizend Sie sind. Denn Sie sind wirklich reizend, und ich werde Ihnen das noch sehr oft sagen.« Überzeugt von seiner Unwiderstehlichkeit sah er ihr in die Augen.

Susy stöhnte innerlich. »Es tut mir leid, unhöflich zu erscheinen, Dr. Lamson«, sagte sie, während sie behende aus seinem Arm schlüpfte, »aber ich bin ziemlich müde. Entschuldigen Sie mich bitte.« Sie raffte ihr Kleid zusammen und verschwand raschelnd in der Menge. Er kam überhaupt nicht dazu, etwas zu erwidern.

Susy lief in ihr Zimmer hinauf, zog sich ein wenig die Lippen nach und ging dann wieder hinunter. Die Musik machte gerade eine Pause. Sie blieb an der Tür stehen. Ihr gegenüber am anderen Ende des Saales stand Bill und unterhielt sich mit einem Assistenzarzt. Sein weißes Hemd leuchtete auf dem dunklen Hintergrund des Tannenschmuckes an der Wand. Sie lächelte und versuchte, seinen Blick auf sich zu ziehen. Bald wandte er den Kopf und ließ seine Augen wie suchend über die Menge schweifen. Im nächsten Augenblick würde er sie sehen und zu ihr kommen. Ihr Lächeln war sehr zuversichtlich.

Aber plötzlich, als sein Blick sie fast erreicht hatte, winkte ein auffallend gekleidetes, hübsches Mädchen mit großen schwarzen Augen ihm zu und lenkte seine Aufmerksamkeit auf sich. Bill grüßte mit einer höflichen kleinen Verbeugung, verabschiedete sich von dem Assistenzarzt und ging quer durch den Saal auf sie zu. Die dunkeläugige Schöne himmelte ihn an, als er vor ihr stand.

Susys Lächeln erstarb. Sie hatte Bill herbeigesehnt und auch erwartet. Und er hatte es gespürt und nach ihr ausgeschaut. Aber als Elenor Gerard winkte, ging er zu ihr.

Susy zog sich auf den Korridor zurück, überlegte ein wenig und ging dann ins Kellergeschoß hinunter.

In einem Raum neben der Küche waren auf einem langen Tisch allerlei leckere Dinge bereitgestellt. Einige Angestellte der Firma, welche die Delikatessen geliefert hatte, eilten geschäftig hin und her und vollendeten das mit fachmännischem Geschick aufgebaute Arrangement. Susy musterte den Tisch. Belegte Brötchen, Kuchen, winzige Würstchen, kaltes Fleisch und Salzmandeln, ja sogar Huhn in Aspik waren verlockend darauf ausgebreitet. Die Hausärzte mußten ihren letzten Pfennig für diesen Luxus verschwendet haben.

»Bitte, bedienen Sie sich«, sagte einer der Männer einladend zu Susy.

Aber sie hatte keinen Appetit. Schließlich nahm sie eine Salzmandel, biß hinein und setzte sich in einen Sessel.

In Gedanken versunken starrte sie auf die Spitze ihrer silbernen Sandale. Hatte Bill gesehen, daß sie ihm zulächelte, oder nicht? Es war durchaus möglich, daß er sie nicht gesehen hatte. Aber warum war er zu Elenor Gerard gelaufen, als sie ihm zuwinkte? Wie vertraut und intim sie zu ihm aufgesehen hatte! Gewiß war sie hübsch, aber – – – Plötzlich wurde Susy bewußt, mit welchem Besitzanspruch sie Bill betrachtete. Wie abscheulich! War sie etwa neidisch? Sie erhob sich mit einem Ruck und ging ans Fenster. Die Unterlippe zwischen die Zähne geklemmt, starrte sie auf die Fensterscheibe, in der sich das hellerleuchtete Zimmer und der schön gedeckte Tisch spiegelten. Nach einer Weile fand Bill sie dort. »Susanne! Wo sind Sie so lange gewesen? Ich habe Sie überall gesucht.«

»So? Ich habe auf Sie gewartet.«

»Hier?« fragte er erstaunt.

»Nein, oben. Aber dann dauerte mir das Warten zu lange.«

»Warum haben Sie mir nicht ein Zeichen gegeben? Ich habe Sie leider nicht gesehen.«

»Kein Wunder. Sie amüsierten sich ja köstlich mit Elenor Gerard.« Sie wußte, daß sie dummes Zeug redete, konnte sich jedoch nicht beherrschen. »Ich bin leider nicht so anziehend wie Elenor.«

»Was ist los, Susanne?« fragte er erschrocken. »Sie sind ja plötzlich ganz verändert.«

Die Bedienten begannen die beiden zu beobachten.

»Ach, es ist nichts«, antwortete Susy verstimmt. »Ich bin nur ein wenig müde.«

»Wir wollen an die frische Luft gehen«, schlug er vor. »Ich werde Ihren Mantel holen.«

»Wenn Sie wollen? Er liegt oben in der Nische.«

Er eilte davon, kam nach kurzer Zeit mir ihrem Mantel zurück und half ihr hinein. Schweigend gingen sie durch den Korridor, der ins Freie führte. Es erschien Susy recht sonderbar, hier so neben Bill zu gehen, ohne die Begegnung mit einer Inspektorin befürchten zu müssen. Noch sonderbarer würde es sein, das Krankenhaus nach so langer Zeit zu verlassen.

»Am ersten Januar gehe ich in die Johannes-Klinik«, sagte sie.

»Das ist ja schon nächste Woche!« rief er. »Dann – dann werde ich Sie drei Monate lang nicht sehen.«

»Ach, ich werde ab und zu herkommen, wenn ich frei habe«, entgegnete sie leichthin. »Die Johannes-Klinik liegt ja nicht in Sibirien, sondern am Stadtrand.«

Ohne etwas zu antworten, öffnete er die Tür und ließ sie vorangehen. Sie traten in eine weiße Wunderwelt aus Mondlicht und Schnee. Die Nacht war still und klar. Die Kälte stach wie mit tausend kleinen Nadeln in ihre Gesichter. Sie gingen einen schmalen Weg entlang. Susy raffte mit einer Hand ihr Kleid zusammen. Die kahlen Zweige der Ulmen hoben sich schwarz von dem hellen Himmel ab. Der Schnee knirschte unter ihren Füßen, und ihr Atem vereinigte sich in einer weißen Wolke.

Susy schob ihre freie Hand unter Bills Arm. Sie spürte seine Muskeln unter dem Jackenärmel.

»Es tut mir leid, daß ich so gereizt war, Bill«, sagte sie leise. Und dann, als er nicht antwortete: »Kann ich das irgendwie wieder gutmachen?«

»Das ist nicht nötig, Susanne. Sie haben es längst getan.«

»Wie meinen Sie das?«

Er blieb stehen und wandte sich ihr zu. Ihre Hand fiel von seinem Arm. Sie sah ihn fragend an. Dort standen sie auf dem frischen weißen Schnee, umgeben von den Lichtern des Krankenhauses, den Lichtern ihrer Welt. Er atmete tief.

»Willst du meine Frau werden, Susanne?«

Susy stockte das Herz. Sie starrte ihn an, bleich, wie betäubt, sprachlos. Da ertönte plötzlich überraschend Glockengeläut. Süß und zauberhaft klang es durch die mondhelle Winternacht. Weihnachtsmorgen! Und Bill wartete auf eine Antwort.

»Ich mußte es dir sagen«, erklärte er. »Ich liebe dich – so sehr.«

Der silberne Klang der Weihnachtsglocken schien die Welt zu verzaubern. Sein Kopf mit den schwarzen Haaren, der scharf umrissen vor ihr im Mondlicht schwebte, neigte sich ein wenig – abwartend.

Susy legte sanft ihre Hand auf seinen Arm. Ihre Stimme bebte. »Lieber Bill, wirst du es verstehen, wenn ich dir sage – daß ich dich sehr, sehr gern habe, aber – nicht weiß – ob ich dich liebe? Sieh mal, ich fürchte mich vor der Ehe. Ich – ich fühle mich noch nicht bereit dazu. Und das würde ich doch – wenn ich dich liebte, nicht wahr?«

»Ich weiß nicht. Wahrscheinlich.«

»Ich war bisher immer für mich allein«, versuchte sie zu erklären. »Aber wenn man verheiratet ist, gehört man zum Teil einem anderen. Ich weiß nicht – ob es mir gefallen würde – – Ich meine, ich weiß nicht, wie eine Ehe sein muß und ob ich dazu tauge. Aber eins weiß ich genau: Du bist mein bester Freund. Ich werde niemals einen besseren haben.«

Er schwieg.

Ihre Finger tasteten über seinen Ärmel. »Unsere Freundschaft – bedeutet mir unendlich viel. Fällt es dir sehr schwer, nur mein Freund zu sein? Könntest du nicht versuchen, alles zu lassen, wie es bisher war?«

»Ja.«

»Ich danke dir.« Susy zögerte. Dann fügte sie schüchtern hinzu: »Habe ich nun alles verdorben?«

»Nein, Liebes.« Seine Hand schloß sich warm und beruhigend um ihre Finger. Schließlich sagte er lächelnd: »Du wirst kalte Füße bekommen. Wollen wir nicht lieber hineingehen?«

Sie gingen, von der Musik der Weihnachtsglocken begleitet, auf das Haus zu. Susy fühlte einen dumpfen Schmerz in der Brust. Sie hatte ihn gekränkt, und das tat ihr weh. Als sie die Tür erreicht hatten, sah sie zu ihm auf. Ihre Augen waren voller Zärtlichkeit.

»Vielleicht – später«, stammelte sie. »Wenn du ein wenig Geduld mit mir haben könntest, Bill – – Ich würde dich gern liebhaben – –.« Bevor er antworten konnte, hob sie ihre schlanken Hände, zog seinen Kopf zu sich herunter und gab ihm einen Kuß – einen kindlichen, um Vergebung bittenden Kuß.

Plötzlich wurde die Tür aufgerissen. Ein Strom warmer Luft, Stimmengewirr und Gelächter drangen zu ihnen heraus. Ein paar junge Schwestern in Seide und Chiffon, gefolgt von schwarzgekleideten Gestalten mit weißen Hemden, liefen ins Freie hinaus.

»Fröhliche Weihnachten, Susy! Fröhliche Weihnachten, Dr. Barry!« Sie hatten nichts bemerkt.

Der kleine Dr. Parker stürzte auf Susy zu. »Da ist ja der rote Teufel! Dies ist mein Tanz – bitte!« Er ergriff ihre Hand und zog sie lachend ins Haus. Sie warf einen Blick auf Bill zurück, bevor sie verschwand – einen Blick so voller Süße, daß ihm das Blut in den Kopf stieg. Schnell trat er in das schützende Dunkel zurück.

Die Schwestern und ihre Begleiter liefen ausgelassen in die Nacht hinaus. Stimmen und Gelächter klangen durch die kalte schneeklare Luft. Aber Bill hörte nichts davon. Reglos stand er da und starrte mit blinden Augen vor sich hin. Sein Herz war voller Hoffnung.

Eine neue Seite des Lebens

In die Johannes-Klinik kamen Frauen zur Entbindung. Sie war halb privat und lag außerhalb der Stadt. Ihr Ruf war so gut, daß sogar große Schwesternschulen ihre Schülerinnen zu einem dreimonatigen Geburtshilfekursus dorthin schickten.

Am ersten Januar siedelten zehn Seniorinnen des Krankenhauses in die Johannes-Klinik über. Zu Susys Freude war auch Connie dabei, die erst nach ihrer Rückkehr ins Krankenhaus mit dem Narkosekursus beginnen sollte. Und dann kam aus Susys engerem Kreis noch Franziska Manson mit, die jedoch wegen ihrer Unkameradschaftlichkeit nicht sehr beliebt war.

Connie verließ das Krankenhaus leichten Herzens. Die Johannes-Klinik war von der Stadt aus bequem zu erreichen. Die Omnibusfahrt dorthin dauerte nur eine Stunde. Sie konnte sich also auch weiterhin ohne Schwierigkeiten mit Phil treffen.

»Außerdem sind wir dort auf dem Lande«, sagte Connie zu Susy, während sie hinausfuhren. »Phil liebt das Land ebenso wie ich. Selbst im Winter können wir allerlei unternehmen. Wir werden Schlittschuh laufen, rodeln oder lange Spaziergänge machen.«

Susy fühlte sich ein wenig verlassen. Bei Connie drehte sich jetzt alles um Phil. Kit aber war noch in der Operationsabteilung und konnte den Mädchen nur kurze Besuche machen. Das Seniorenjahr brachte mancherlei Nachteile mit sich, fand Susy. In den ersten beiden Jahren waren die Freundinnen immer zusammen gewesen. Jetzt wurden sie häufig getrennt. Auch Bill würde sie nun eine Zeitlang nicht sehen, denn er durfte sie natürlich nicht besuchen. Sie würde die anregenden Unterhaltungen mit ihm vermissen, die das wunderbare Gefühl gegenseitigen Verstehens so beglückend machten. Allerdings hatte die dreimonatige Trennung auch einen Vorteil. Sie würde Zeit haben, gründlich über ihr Verhältnis zu Bill nachzudenken und sich über ihre Gefühle klarzuwerden. Trotzdem war sie ein wenig traurig.

Der Aufenthalt in der Johannes-Klinik bedeutete eine große Veränderung für die Mädchen. Sie waren an viele weitläufige Gebäude mit zahllosen langen Gängen gewöhnt, an riesige Krankensäle, an einen fast unübersehbaren Stab von Krankenschwestern und Ärzten, an Schwesternhäuser, die so groß wie Hotels waren. Die Johannes-Klinik bestand aus einem einzigen dreistöckigen Gebäude mit einem Flügel für die Schwestern, in dem sich nur zwei Badezimmer befanden. Der größte Saal enthielt zwölf Betten. Die drei Operationsräume, die ›Entbindungszimmer‹ genannt wurden, waren ziemlich klein. Der gesamte Stab bestand aus einer Oberin, ihrer Stellvertreterin, einer Inspektorin, drei Stationsschwestern und etwa dreißig Lernschwestern, die aus verschiedenen Schulen stammten.

Aber es war eine schöne Klinik mit großen Rasenflächen vor dem Haus und sonnigen Veranden in jedem Stockwerk. Die Krankensäle und Privatzimmer waren geschmackvoll eingerichtet.

»Himmel, das ist ja ein Fingerhut!« sagte Susy zu Connie, als die beiden ihr gemeinsames Zimmerchen besichtigten. Das war auch etwas Neues für die Mädchen. Hier mußten sie zu zweit in einem Raum schlafen. Susy hatte noch niemals so eng mit jemand zusammen gelebt und hatte ein wenig Bedenken, ob ihr das gefallen würde – obwohl es sich um Connie handelte.

In dem kleinen Eßzimmer der Schwestern standen nur sechs Tische. »Ich komme mir wie Alice im Wunderland vor«, murmelte Connie, als sie sich zu ihrer ersten Mahlzeit hinsetzten.

»Ich auch. Ach, Connie, wie herrlich ist doch unser Krankenhaus. Erst jetzt kommt mir das so richtig zum Bewußtsein.«

Einige Schwestern aus ihrer Schule arbeiteten bereits zwei Monate in der Johannes-Klinik. Nach dem Abendessen fand eine lebhafte Begrüßung im Wohnzimmer des

Schwesternflügels statt. Susy fragte ihre Mitschülerinnen nach der Arbeit aus. Der Kursus war folgendermaßen eingeteilt: zwei Wochen Dienst in den Krankensälen, ein Monat im Entbindungssaal, ein Monat im Säuglingszimmer und zwei Wochen Nachtdienst. Es wurde geplaudert und erzählt, bis das Gespräch sich schließlich den Babys zuwandte. Die Neulinge sollten bald erfahren, daß in der Johannes-Klinik jedes Gespräch früher oder später bei diesem Thema endete. Die Schwestern lächelten verzückt, wenn sie von den Babys sprachen. Ihre Gesichter wurden weich, ihre Stimmen klangen zärtlich. Sie sprachen endlos über Babys.

Susy war überrascht und ein wenig beklommen. Die Schwestern schienen ja geradezu besessen zu sein. Sie selber wußte sehr wenig von Kindern, besonders von ganz kleinen. Sie hatte nur gehört, daß sie rote Gesichter hätten und nicht sehen könnten. Bisher hatte sie sich nur wenig für Babys interessiert. Sie gehörten zur Geburtshilfe, und diese war ein Teil ihrer Ausbildung. Eingehender hatte sie sich mit diesem Thema noch nicht beschäftigt. Das Erlebnis, das sie am nächsten Morgen um neun Uhr hatte, traf sie also trotz der abendlichen Unterhaltung im Wohnzimmer ziemlich unvorbereitet.

Nachdem die neuangekommenen Schülerinnen über die Pflege junger Mütter belehrt worden waren, wurden sie in verschiedene Abteilungen der Klinik geschickt. Susy kam in den Saal mit den zwölf Betten.

Er unterschied sich durch nichts von anderen Krankensälen, nur erschien er Susy sehr klein. Die Patienten waren, wie Patienten immer sind. Sie unterhielten sich, schliefen, lasen, strickten und hatten diese oder jene Wünsche. Susy eilte geschäftig hin und her.

Sie achtete nicht auf die Zeit. Um neun Uhr war sie schon fast mit ihrer Arbeit fertig; sie füllte frisches Wasser in die Blumenvasen und stellte gerade eine Vase mit Rosen auf einen Nachttisch, als eine Veränderung im Saal vorging. Frauen, die gelesen hatten, klappten ihre Bücher zu. Strickzeuge wurden beiseite gelegt. Schlafende fuhren mit einem Ruck auf. Auch die Schwestern hielten in ihrer Arbeit inne. Eine Bewegung durchlief den Saal, eine Welle freudiger Erregung.

»Was ist denn los?« fragte Susy eine Patientin.

Die Augen der Frau wurden weich. »Horchen Sie mal!« Susy horchte. Eine Fahrstuhltür wurde aufgeschoben; aber gleichzeitig hörte sie noch andere Töne, die immer lauter wurden, lebhaft, fordernd, unmißverständlich – das empörte Schreien hungriger Babys. Susy wurde von der allgemeinen Erregung um sie her angesteckt und sah gespannt zur Tür hin.

Ein langer weißer Wagen wurde von einer Schwester vor die offene Tür geschoben. Gepolsterte Seitenwände verbargen seine rasenden Insassen. Susy ging näher und guckte in den Wagen hinein. Dort lagen strampelnd und schreiend zwölf gesunde Babys in einer Reihe. Sie lagen auf der Seite, und jedes geiferte gierig nach dem Hinterkopf des vor ihm liegenden.

»Oh!« rief Susy überwältigt.

Die Schwester, die den Wagen gebracht hatte, hob zwei Babys heraus, sah auf die silbernen Schildchen, die an kleinen Ketten um ihre dicken Hälse hingen, und ging in den Saal, unter jedem Arm eines. Nach kurzer Zeit kehrte sie zurück und hob wieder zwei heraus. In wenigen Minuten war es totenstill im Saal geworden.

Susy blieb an der Tür stehen und beobachtete die Mütter. In allen zwölf Betten herrschte Ruhe und Frieden. Die Mütter lagen reglos, die Augen auf die winzigen Köpfe neben sich gerichtet. Dunkelhäutige Gesichter von Italienerinnen, nervöse Gesichter von Jüdinnen, Gesichter mit hohen Backenknochen von Irinnen und Skandinavierinnen – alle hatten den gleichen Ausdruck staunenden Entzückens.

Susy schluckte bewegt. »Himmel!« dachte sie bei sich. »Ich hatte ja keine Ahnung, wie das ist.«

Wie gebannt schaute sie in den Saal. Schließlich kam die Säuglingsschwester wieder. Susy fragte sie, ob sie ihr helfen dürfe, die Babys zurückzubringen.

»Gewiß. Ich werde Ihnen zeigen, wie man es macht.« Die Schwester brachte mit erschreckendem Gleichmut ein Baby zum Wagen. »Sehen Sie, so!« Sie hielt das Baby wie ein Bündel unter dem Arm. »Sein Körper ruht zwischen der Hüfte und dem Ellenbogen. Sie stützen sein Rückgrat mit dem Arm und das Köpfchen mit der Hand. Sie müssen stets sorgfältig auf den Kopf achten. Schieben Sie Ihre Hand immer unter den Kopf eines Babys, bevor Sie es hochheben.«

»Es – es erscheint mir so lieblos, sie auf diese Weise zu tragen«, wandte Susy ein.

Die Schwester lachte. »Aber nein! Ein kleines Baby trägt man am sichersten unter dem Arm. Kopf und Rückgrat sind gestützt, und es kann nicht herunterfallen. Außerdem bleibt es so in horizontaler Lage. Man darf ein Baby niemals aufrichten, wenn sein Magen voll ist.«

Sie gingen in den Saal zurück. Susy hob ein schlafendes Baby auf. Sie versuchte es genau so zu machen wie die andere Schwester. Es war ganz einfach. Das kleine Bündel schmiegte sich behaglich in ihren Arm. Es fühlte sich zwar etwas feucht an, aber was schadete das? Das runde Köpfchen lag warm und flaumig in ihrer Hand; ihr Herz schlug höher; ein ganz neues beseligendes Gefühl erfüllte sie.

Die Händchen des kleinen Wesens waren entspannt, die Augen geschlossen. Das Mündchen stand offen. Susy vernahm ein schwaches, aber deutliches Schnarchen. Sie lächelte gerührt. Von den wachsamen Augen der Mutter verfolgt, trug sie das Baby vorsichtig zum Wagen.

Einzeln und zu zweit wurden die vollgetrunkenen kleinen Wesen aus dem Saal gebracht. Dann schob die Säuglingsschwester den Wagen wieder zum Fahrstuhl.

Sobald die Babys fort waren, entspann sich eine lebhafte Unterhaltung im Saal. Nach einer Weile nahmen die Frauen wieder ihr Strickzeug hervor oder öffneten ein Buch, Susy ging still an ihre Arbeit zurück.

Viermal am Tage wurden die Babys in den Saal gebracht. Susy lernte es schnell, mit ihnen umzugehen, aber der Eindruck, den die kleinen Wesen auf sie machten, verminderte sich nicht. Im Gegenteil, er wurde immer stärker. Anfangs schienen ihr alle gleich auszusehen, aber nach einigen Tagen entdeckte sie, daß sie ebenso verschieden waren wie Erwachsene. Die Säuglingsschwester behauptete sogar, sie wären schon ausgeprägte Persönlichkeiten. Das konnte Susy kaum glauben.

»Warten Sie nur ab«, entgegnete die Schwester. »Wenn Sie erst Säuglingsdienst haben, werden Sie es selber sehen.« Susy freute sich auf diese Arbeit. Aber vorher mußte sie erst einen Monat im Entbindungsraum Dienst machen. Es galt also, sich noch etwas zu gedulden.

Bald gewöhnte Susy sich auch daran, eine Zimmergenossin zu haben, ja es gefiel ihr sogar. Connie war lieb, immer rücksichtsvoll und umgänglich. Die beiden lagen abends lange wach und plauderten miteinander. Dadurch lernte Susy ihre Freundin immer besser kennen. Sie sprachen über alles – über das Leben und die Liebe, über Babys, über ihre Zukunft und über Phil. Nur Bill wurde niemals erwähnt. Susy wußte selber nicht, warum sie in diesem Punkt so zurückhaltend war.

Bill schrieb ihr ziemlich regelmäßig. Seine Briefe waren lustig, unterhaltend, freundlich und enthielten allerlei Neuigkeiten aus dem Krankenhaus. Niemals erwähnte er etwas von seiner Liebe zu ihr. Susy war erleichtert, gleichzeitig jedoch ein wenig enttäuscht.

Die beiden Wochen im Krankensaal verflogen wie im Nu. Hier war Susy wieder in ihrem Element, weil sie mit Patienten zu tun hatte. Alles, was die jungen Mütter betraf, interessierte sie – ihre Behaglichkeit, ihre Lebensgeschichte, vor allem aber ihre Ansichten über Babys.

Eine große blonde Frau mit einem breiten sommersprossigen Gesicht, die bereits Mutter von fünf Kindern war, hatte soeben ihr sechstes bekommen und wollte mindestens noch fünf weitere haben.

»Ich kann niemals genug haben«, sagte sie. »Jedes einzelne ist mir willkommen.« Ihre Kinder besuchten sie und das neue Baby. Sie waren schön, hatten graue Augen und blonde Haare wie ihre Mutter und sahen glücklich und froh aus.

Eine junge Frau von achtzehn Jahren blickte ihr Baby erstaunt und zärtlich an. Sie freute sich darüber, wollte aber kein zweites Kind haben.

»Ob Sie es glauben oder nicht«, sagte eine dicke irische Scheuerfrau, »dies ist mein siebzehntes. Zehne leben. Ich komme jedes Jahr her, pünktlich auf die Minute. Da ist doch nichts dabei.«

Anders stand es mit einer dünnen verbitterten Frau. Ihr Mann mochte keine Kinder und besuchte sie niemals. Sie drückte ihr Baby krampfhaft an sich, als wäre es das einzige auf der Welt, was sie besaß. Und so war es wohl auch. In der zweiten Woche machte Susy bei den Privatpatienten Dienst, die im zweiten Stock lagen. Hier hatte sie ein lustiges Erlebnis.

Eine ihrer Patientinnen war eine liebenswürdige ältere Frau, die schon fünfzehn Jahre verheiratet war und fast die Hoffnung aufgegeben hatte, jemals ein Kind zu bekommen. Als es dann doch soweit war, konnte sie es vor Freude kaum fassen. Ihr Söhnchen war drei Tage alt, als Susy zu ihr kam. Sie hatte es noch nicht gesehen, denn sie war ziemlich krank gewesen.

»Habe ich wirklich einen Sohn?« fragte sie ungläubig.

»Ja, natürlich. Ich werde ihn sogleich herbringen. Heute bekommt er seine erste Mahlzeit.«

Frau Miller richtete sich erregt auf. »Ich werde ihn sehen? Oh, beeilen Sie sich, Schwester Barden. Ich kann es kaum erwarten.«

»Ich komme sofort. Aber Sie müssen sich ruhig hinlegen.«

»Ja, ja, ich will alles tun, was Sie verlangen. Schadet es dem Kind, wenn ich mich aufrichte?«

»Ach wo! Aber Ihnen schadet es. Nun, was ist denn los?«

»Ich – ich habe Angst. Ich weiß doch gar nicht, wie man mit einem Baby umgeht. Was soll ich tun?«

»Keine Sorge, ich zeige es Ihnen.«

Susy ging ins Säuglingszimmer. »Kann ich das Baby Miller bekommen?« fragte sie die Schwester, die gerade mit einem Baby unter dem Arm herauskam.

»Gewiß. Nehmen Sie es nur.«

Susy hob den acht Pfund schweren Jungen hoch, der prustend mit den Fäusten um sich schlug, aber nicht weinte, und brachte ihn zu Frau Miller.

Frau Miller sah ihr mit großen Augen entgegen. Sie stützte sich auf einen Ellenbogen und blickte atemlos in das winzige rote Gesicht.

»Oh!« rief sie klagend. »Wie häßlich er ist!«

»Er ist keineswegs häßlich«, widersprach Susy entrüstet.

»Aber – er sieht doch so merkwürdig aus.«

»Alle kleinen Kinder sehen so aus. Es ist ein schönes Baby.«

»Wirklich?«

Susy legte den Kleinen in ihre Arme. Sofort begann er gierig zu trinken.

Frau Miller sah mit Tränen in den Augen zu Susy auf. »Es ist mir gleich, wie er aussieht. Er ist mein Sohn.«

Susy lächelte. »Er ist eins unserer hübschesten Kinder.«

»Darf ich mich bewegen, während er hier ist?« fragte Frau Miller ängstlich und berührte zaghaft den zarten Flaum auf dem Kopf ihres Kindes.

»Aber natürlich! Er ist durchaus nicht zerbrechlich, sondern ein kräftiger junger Mann. Ich muß jetzt gehen. Läuten Sie bitte, falls Sie etwas brauchen.«

Susy ging in die Küche, um Kakao zu kochen. Ein paar Minuten lang blieb alles still. Plötzlich schrillte eine Glocke. Sie läutete andauernd und dringend. Frau Miller schrie aufgeregt: »Hilfe, Hilfe! Schwester Barden!«

Susy rannte zu ihr. Frau Miller hielt den Daumen auf dem Klingelknopf. Das Baby lag in ihrem Arm.

»Schwester Barden! Schwester Barden! Kommen Sie

schnell! Er stirbt.« Frau Millers Gesicht war so weiß wie die Wand. Susy flog durchs Zimmer und beugte sich angstvoll zu dem Kind hinunter. Nach einem Blick in das kleine rote Gesicht richtete sie sich mit einem Seufzer der Erleichterung auf. »Es ist alles in Ordnung, Frau Miller. Er schläft fest. Was war denn los?«

»Er schläft!« Frau Miller sank auf ihr Kissen zurück. »Ach, Schwester Barden, ich habe mich ja so furchtbar erschrocken! Er trank. Aber plötzlich kam die Milch wieder aus seinem Mund heraus, und er schluckte nicht mehr. Ich dachte...«

Susy lehnte sich gegen die Wand. »Erschrecken Sie mich bitte nicht noch einmal so!« Dann lachte sie. »Er hat zu schnell getrunken, Frau Miller, daher kam die Milch wieder hoch. Das hat nichts zu sagen. Die meisten Babys machen das. Ich vergaß Ihnen zu sagen, daß er nicht zu hastig trinken darf.« Sie nahm das dicke Baby auf. »Ungezogener Junge! So gierig zu sein!«

Frau Miller strahlte. »Ist er nicht wundervoll? Und so schlau! Nehmen Sie ihn jetzt lieber mit. Ich werde noch nicht so recht mit ihm fertig. Das wird mal ein Bürschchen! Er ist schlauer als seine Mutter.« Sie lächelte stolz. »Was wird nur mein Mann sagen, wenn er hört, was unser Sohn angestellt hat!«

Im Entbindungssaal

Es war so ähnlich wie im Operationssaal, wenigstens was das Technische betraf. Auch hier mußten alle Dinge steril gehalten werden. Auch vor einer Entbindung wurden Hände und Arme gründlich gebürstet. Aber sonst spielte sich doch alles ganz anders ab. In diesem Raum wurde die meiste Zeit mit Warten verbracht. Die Schwester sprach mit den Frauen, ermutigte sie und hatte auf unzählige Einzelheiten zu achten. Dann, nach Stunden voller Langeweile, die schließlich in einem aufgeregten Hin und Her endeten, ertönte der Schrei des Neugeborenen. Susy war jedesmal von neuem erschüttert, wenn sie diesen Schrei hörte.

Manchmal schrie das Baby nicht. Das bedeutete meistens, daß es noch nicht zu atmen begonnen hatte. Sein Willkommen auf dieser Welt bestand in ein paar heftigen Schlägen des Arztes. Wenn es dann nicht schreiend protestierte, wurde es zuerst in kaltes und dann in heißes Wasser getaucht.

Susy war anfangs entsetzt über diese rohe Behandlung, und Connies Augen füllten sich mit Tränen, als sie zum erstenmal Zeuge einer solchen scheinbaren Roheit war. Es kam jedoch noch oft vor, und die Mädchen wußten, daß es notwendig war.

Früher hatte Susy oft davon gehört, daß Babys in Krankenhäusern verwechselt werden könnten. Nun bemerkte sie, daß einige Frauen, besonders diejenigen, die ihr erstes Kind bekamen, über solches Gerede ängstlich geworden waren. Sie konnte ihnen beweisen, daß eine Verwechslung ganz ausgeschlossen war. Sobald das Kind zur Welt kam, wurde ihm ein silbernes Kettchen mit einem kleinen Schild um den Hals gebunden, auf dem der Name der Mutter sowie ihre Bett- und Zimmernummer standen. Dieses Kettchen behielt es um, bis die Mutter mit ihm das Krankenhaus verließ. Es konnte also gar kein Irrtum vorkommen.

Bei Entbindungen offenbarten sich manche Seiten der Menschen, die man sonst kaum kennenlernte. Allerdings tauchten auch die seltsamsten Probleme auf.

Was sollte man zum Beispiel mit den Ehemännern machen? In dieser Situation schienen alle ohne Ausnahme gleich schwierig zu sein. Natürlich waren sie auch bemitleidenswert. Sie hockten mit durchweichten Kragen und zerzausten Haaren im Wartezimmer oder gingen unruhig auf und ab, während ihre Söhne und Töchter geboren wurden. Sie kauten an den Fingernägeln. Sie rissen sich die Schlipse ab. Sie drehten an den Knöpfen ihrer Jacken oder Mäntel. Sie zerknüllten verzweifelt ihre Hüte. Sie fluchten, jammerten und schwitzten, ja, manchmal fielen sie sogar in Ohnmacht. Jede Schwester, die vorüberging, flehten sie mit heiserer Stimme an, ihnen zu sagen, wie es stehe.

Es war einfach nichts mit ihnen anzufangen. Sie waren zu nervös, um zu lesen oder sich vernünftig zu unterhalten. Ruhelos liefen sie umher oder starrten niedergeschlagen vor sich hin. Die Frauen im Entbindungszimmer machten sich um ihre Männer Sorgen. »Ist John noch immer da? Sagen Sie ihm, er soll nach Hause gehen. Sagen Sie ihm, es geht mir gut.«

Die Schwestern brachten den Männern Kaffee, beruhigten sie, stärkten sie, wenn nötig, mit Cognac, drängten sie, heimzugehen. Aber die meisten weigerten sich, die Klinik zu verlassen. Und diejenigen Ehemänner, die aus irgendeinem Grund nicht kommen konnten, schienen nichts anderes zu tun, als zu telefonieren.

Einmal führte Susy ein Ferngespräch mit einem Herrn Jackson, dessen Frau am Tage vorher in die Klinik gekommen war.

»Wie geht es Frau Jackson?« fragte er. »Ist – ist das Kind schon da?«

»Frau Jackson geht es ausgezeichnet«, antwortete Susy grinsend. »Sie haben zwei hübsche kleine Mädchen bekommen.«

»Was?«

Susy wiederholte die Nachricht.

»Nein, nein!« Herrn Jacksons Stimme wurde ungeduldig. »Ich habe nach Frau Jackson gefragt, Frau Ellis Jackson.«

»Frau Ellis Jackson geht es gut. Sie hat zwei kleine Mädchen bekommen.«

»Zwei was?«

»Mädchen! Zwei Mädchen. Zwillinge.«

»Zwillinge? Ach, du lieber Gott!«

Als nichts weiter kam, hängte Susy ab.

Das Verhalten der Mütter im Entbindungssaal war sehr

verschieden. Zwei vergaß Susy ihr ganzes Leben lang nicht. Eines Tages hatte sie eine junge Frau zu betreuen, die ihr erstes Kind bekommen sollte. Beim ersten Kind läßt die Stunde der Geburt gewöhnlich sehr lange auf sich warten. Die beiden hatten also Zeit genug, sich miteinander zu unterhalten.

Die junge Frau freute sich über alle Maßen auf ihr Kind. Sie war ungefähr fünfundzwanzig Jahre alt, hatte dunkles Haar und eine zarte durchsichtige Haut. Wenn sie von dem Kind sprach, leuchteten ihre dunkelblauen Augen.

»Schon immer habe ich mir ein Kind gewünscht«, sagte sie. »Nun da es kommt, kann ich es kaum glauben. Mir ist, als hätte ich dieses Glück nicht verdient.«

»Sind Sie schon lange verheiratet?«

»Zwei Jahre.«

»Ihr Mann freut sich gewiß auch.«

»Tom?« Ihre Augen strahlten auf. »Er weinte fast vor Glück, als ich es ihm erzählte. Er drückte mich an sich und sagte immer wieder ›unser Kind!‹. Und dann sagte er, er wolle fleißig für uns arbeiten – für uns beide.«

»Möchten Sie ein Mädchen oder einen Jungen haben?«

»Das ist mir ganz gleich. Tom ist es auch gleichgültig. Der Arme!« Ihre Finger zupften nervös an dem Laken.

»Bedrückt Sie etwas?« fragte Susy.

»Ach, Schwester Barden, ich mache mir solche Sorgen um Tom. Ich kann es kaum erwarten, das Kind zu bekommen, aber um Toms willen wäre es besser, wenn es nicht gerade in dieser Woche käme.«

»Warum?«

»Ja, sehen Sie, mein Mann studiert in Oxford Jura. Es ist sein viertes Studienjahr, und in dieser Woche macht er sein Examen. Ihm liegt so viel daran, es gut zu bestehen. Wie kann er das aber, wenn er weiß, daß ich hier bin? Der arme Junge muß ja wahnsinnig werden.«

»Himmel!« Susy sah den gequälten Studenten der Rechte lebhaft im Geiste vor sich.

Während der langen Stunden des Wartens beklagte sich Frau Tom nicht ein einziges Mal darüber, daß sie an diesem wichtigsten Tag ihres Lebens von ihrem Mann getrennt war. Sie machte sich nicht immerfort Gedanken über ihren Zustand, wie die meisten anderen Mütter. Sie dachte nur an Tom und an das Kind, das sie bald haben würden. Sie sprach von den Kleidern des Kindes, die aus den feinsten Stoffen waren. Sie hatte sie selber genäht, und Tom hatte gesagt ... Immer wieder gingen ihre Gedanken zu Tom. Armer Tom! Was machte er wohl in diesem Augenblick?

Susy bewunderte die Selbstlosigkeit dieser jungen Frau, die nur wenig älter war als sie.

Das Kind kam am Spätnachmittag. Es war ein schwerer gesunder Junge. Sein erster Schrei hätte einem Jahrmarktausrufer Ehre gemacht.

Als das kräftige Gebrüll durch den kleinen Raum hallte, röteten sich Frau Toms bleiche Wangen. In ihren Augen lag ein unirdisches Leuchten.

»Ist das – die Stimme meines Kindes?« stammelte sie verzückt.

»Ja, das ist sie«, antwortete der Arzt lachend. »Ein prachtvoller Junge!«

»Ein Junge! Ach, bitte, darf ich ihn sehen? Bitte lassen Sie mich ihn einen Augenblick halten!« Sie richtete sich mit aller Gewalt auf.

»Halt, halt, so geht das nicht!« rief der Arzt verweisend. »Geben Sie ihr das Kind, Schwester Barden.«

Susy legte den dicken roten Nackedei in die zitternden Arme seiner Mutter.

Tränen der Freude liefen über Frau Toms Wangen. Ihre Augen durchforschten das winzige Gesicht. Mit bebenden Händen befühlte sie die kräftigen Beinchen. »Mein Kind!« flüsterte sie. »Endlich! Mein kleiner Sohn!« Dann küßte sie das flaumige Köpfchen, die rosa kleinen Fäuste, die winzigen Zehen, bis der Arzt Susy einen Wink gab. Sie wickelte das Baby in eine Decke und legte es auf die Waage. »Achteinhalb Pfund!«

Frau Tom ließ die Waage nicht aus den Augen. »Erzählen Sie es Tom. Er wird bald anrufen. Sagen Sie ihm, daß es ein Junge ist.« Kaum hatte sie das letzte Wort ausgesprochen, so war sie auch schon eingeschlafen.

Eine Woche später erlebte Susy einen ganz entgegengesetzten Fall, bei dem sie keine geringe Rolle spielte.

Diesmal handelte es sich um eine sehr elegante und gepflegte Frau von vierzig Jahren, die jedoch bedeutend jünger wirkte. Ihr Mann war Bankier. Susy dachte bei sich, daß sie hübsch aussehen müßte, wenn sie guter Laune wäre.

Aber sie war nicht guter Laune und ihr Mann ebensowenig. Ihr Mann brachte sie in die Klinik. Er trat sehr sicher auf, war groß und sah gut aus. Beide gaben offen zu, daß sie kein Kind haben wollten und daher mit ihrem Schicksal haderten.

Sie machten sich nichts aus Kindern, hatten sich niemals eines gewünscht. Und nun, da sie bereits älter waren, sollte ihr ruhiges und bequemes Leben durch ein Kind gestört werden. Das gefiel ihnen gar nicht. Sie hatten seit langem für diesen Winter eine Italienreise geplant. Nun konnten sie nicht reisen. Frau Grant mußte ihre Klubarbeit und ihre Bridgetees aufgeben.

Nein, sie hatten noch nicht darüber nachgedacht, wie das Kind heißen sollte. Das war ihnen gleichgültig. Sie wollten gar nicht an das Kind denken. Sie haßten es. Nein, Frau Grant hatte keine Ahnung, was für Babykleider in dem Koffer waren. Ihre Schwester hatte gestern ein paar Sachen für das Kind gekauft. Sie selbst hatte sich nicht darum gekümmert.

Herr Grant war sehr besorgt um seine Frau. Er hatte das beste Zimmer der Klinik für sie reservieren lassen. Schon am Morgen trafen Blumen von ihm ein. Sie sollte den Raum geschmückt vorfinden, wenn sie ankam. Sie umschlang ihn heftig, bevor sie zur Entbindung ging. Ihr Gesichtsausdruck war bitter. Er sah mürrisch aus.

Nachdem das Kind zur Welt gekommen war, weigerte

Frau Grant sich, es anzusehen. Sie drehte ihr Gesicht zur Wand und wartete darauf, in ihr Zimmer zurückgebracht zu werden. Als der Arzt ihr mitteilte, daß es ein Mädchen war, gab sie keine Antwort.

Susy wickelte das Baby in eine Decke und nahm es in den Arm. Das arme Wesen war unerwünscht, ja verhaßt. Welch ein Leben erwartete es? Würde es der Gnade von Dienstboten überlassen werden, im Hintergrund versteckt, wo es sich vor Sehnsucht nach ein wenig Liebe verzehrte? Was für ein falsches Englisch würde es sprechen lernen? Was für Dummheiten würden sein zartes kindliches Gemüt mit Schrecken erfüllen? Susy fand das Verhalten der Eltern unglaublich roh. Ob sie das Kind gewollt hatten oder nicht, es war nun einmal da. Sie hatten kein Recht, ihm Liebe und sorgfältige Pflege zu verweigern. So etwas müßte gesetzlich bestraft werden. Susys Gesicht rötete sich vor Zorn. Seltsamerweise war das kleine Mädchen auffallend schön. Es hatte blonde Locken und Veilchenaugen. Seine Haut war weiß und zart.

Susy betrachtete es zärtlich. »Ich wünschte, sie würden es mir geben«, dachte sie. »Wie würde ich es lieben!«

Herr Grant erwartete seine Frau in ihrem Zimmer. Sie streckte die Arme nach ihm aus. Er beugte sich zu ihr nieder und küßte sie.

»Oh, Jack!« rief sie klagend.

»Mein Liebes!« sagte er.

Das war alles. Er fragte mit keinem Wort nach dem Kind. Es interessierte ihn ebensowenig wie seine Frau. Sie gingen beide ineinander auf, in ihrem Zusammenleben. Das Kind betrachteten sie als Eindringling. Es hatte keinen Platz in ihrem Leben.

Während der ersten drei Tage blieb das Baby im Säuglingszimmer und bekam nur warmes Wasser und Molke. Frau Grant fragte nicht ein einziges Mal nach ihm. Susy war empört. Wenn sie ein paar Minuten Zeit fand, ging sie zu den Säuglingen, um Baby Grant zu besuchen. Das kleine Mädchen war sehr artig und weinte selten. Oft lag es ganz still in seinem Körbchen, die großen Veilchenaugen weit geöffnet. Ahnte es, daß seine Eltern nichts von ihm wissen wollten? Nein, das war nicht gut möglich. Susy versuchte, sich diesen Gedanken auszureden, aber es gelang ihr nicht ganz.

Die Säuglingsschwester teilte Susys Gefühle. »Man müßte den Mann verprügeln«, sagte sie am zweiten Tag. »Vorhin begegnete ich ihm im Korridor und fragte ihn, ob er sein Kind nicht sehen wolle. Er sagte böse ›nein!‹, ging aus dem Haus und warf die Türe hinter sich zu.«

Susy beugte sich über das Körbchen und betrachtete das kleine Wesen. Es war wach und lag wie gewöhnlich still und ruhig da. Die kleinen Händchen öffneten und schlossen sich.

Konnte man irgend etwas tun, um den Sinn der Grants zu ändern? Es würde sich lohnen, jede Mühe würde sich lohnen. Susy grübelte darüber nach und besprach sich mit der Säuglingsschwester. Gemeinsam holten sie den Koffer des Babys hervor und beschauten die Kleider, die Frau Grants Schwester ausgesucht hatte. Sie waren sehr schön und geschmackvoll, mit der Hand gearbeitet und stammten aus Paris. Wahrscheinlich waren sie sehr teuer gewesen.

»Ich habe eine Idee«, sagte Susy plötzlich. »Morgen werde ich Baby Grant zu seiner Rabenmutter bringen. Ziehen Sie es so hübsch wie möglich an.«

»Ja, wenn Sie wollen? Aber es wird gewiß nichts nützen.«

»Das mag sein. Trotzdem, ich will es versuchen.«

Am nächsten Tag um zwei Uhr war Baby Grant bereit. Es sah fast unwirklich schön aus. Blonde Locken umrahmten das Engelsköpfchen. Die langen dunklen Wimpern warfen einen bläulichen Schatten auf die runden rosa Bäckchen.

Susy zupfte das duftige gefältelte Kleidchen zurecht und hob das Baby aus seinem Korb. »Auf in den Kampf, mein Süßes! Jetzt heißt es siegen oder fallen.«

Herr Grant befand sich im Zimmer seiner Frau. Susy

hatte sich vorsorglich davon überzeugt, bevor sie das Baby holte. Aber nun, da der entscheidende Augenblick gekommen war, wünschte sie plötzlich, weit fort zu sein. Es war keine Kleinigkeit, den beiden mit dem unerwünschten Kind auf dem Arm gegenüberzutreten. Sie gab sich einen Ruck und öffnete die Tür.

Zwei Paar feindliche Augen sahen ihr entgegen. Unwillkürlich blieb sie auf der Schwelle stehen. Herr Grant stand mit steifer Höflichkeit vom Stuhl auf. Seine Frau hob den Kopf. »Ist – es das?« fragte sie rauh.

»Ja.« Susy trat ins Zimmer. ›Jetzt oder nie!‹ dachte sie entschlossen. Dann sagte sie zu Herrn Grant: »Würden Sie das Baby bitte halten, bis ich Ihre Frau fertig gemacht habe?« Ehe er Zeit fand, etwas zu erwidern, legte sie ihm das Kind in die Arme.

Vollkommen überrumpelt stand er da und stieß einen unartikulierten Laut aus. Frau Grant sagte nichts. Ihre Lippen bildeten eine dünne harte Linie.

Susy ließ sich Zeit bei ihrer Arbeit und beobachtete Herrn Grant verstohlen.

Er war kreidebleich im Gesicht und hielt das Baby weit von sich fort, als könne es jeden Augenblick explodieren. Susy machte keinerlei Anstalten, es ihm abzunehmen. Als es weder weinte noch strampelte, beruhigte er sich ein wenig. Sein Schreck verwandelte sich in Neugier. Er betrachtete das Kind, zuerst sehr von oben, als wäre es etwas Ekelhaftes. Dann beugte er sich staunend und aufmerksam über das kleine Bündel.

Das Baby streckte ein rosa Händchen aus. Herr Grant berührte es zaghaft mit seinem Zeigefinger. Er errötete ein wenig. Dann lächelte er sein Töchterchen an. Susy trat beiseite, und Frau Grant blickte zu ihrem Mann hin.

»Aber – aber Jack!« sagte sie erschrocken. Und dann kurz zu Susy: »Bringen Sie das Kind bitte hierher.«

Susy legte ihr das Baby in den Arm, der sich unwillkürlich bog, um es zu umfassen.

Es entstand eine verlegene Stille. Die beiden Eheleute sahen auf das Kind. Dann trafen sich ihre Blicke über dem goldenen Köpfchen.

Frau Grant wandte sich zu Susy. »Schwester Barden! Ich glaubte, alle Babys seien rot und häßlich. Dies aber ist schön.«

Susy lächelte. »Ihr Kind ist eine Ausnahme. Es ist das schönste Baby, das jemals in dieser Klinik geboren wurde. Alle sind entzückt von ihm.«

»Wirklich?« Frau Grant blickte wieder auf ihr Töchterchen.

»Sie ist hübsch, nicht wahr?«

Herr Grant trat näher ans Bett, beugte sich nieder und sagte: »Sieh nur ihre Händchen, Lilli!«

»Und die goldenen Haare, Jack!«

Wieder trafen sich ihre Augen. Diesmal lächelten sie, ein wenig unsicher und sehr erstaunt.

»Sie soll Elisabeth heißen«, sagte sie leise. »Elisabeth Anna – nach deiner Mutter, Jack.«

Susy ging schnell aus dem Zimmer.

Es kommt oft anders, als man denkt

Susy und Connie hatten nachmittags frei. Sie überlegten, was sie beginnen sollten. Es erschien ihnen töricht, in die Stadt zu fahren und sich einen Film anzusehen. Am Abend vorher waren sie im Krankenhaus gewesen und hatten Kit mürrisch und einsilbig mit einer Erkältung in der Krankenstube vorgefunden. Schlittschuhlaufen oder Rodeln kam nicht in Frage, denn es taute, und der Schnee hatte sich in Matsch verwandelt.

»Wir wollen einen langen Spaziergang machen«, sagte Connie mit ungewöhnlicher Bestimmtheit. »Wenn wir zurückkommen, trinken wir am Kamin Tee.«

»Briefträgers Feiertag«, entgegnete Susy spöttisch. »Aber wenn du deine Füße durchaus mißhandeln willst, mir soll es recht sein.« Sie dachte: ›Connie hat etwas auf dem Herzen und will mit mir darüber sprechen.‹

Die beiden wanderten jedoch eine lange Zeit und sprachen über dies und das, ohne daß Connie irgendwelche Enthüllungen machte. Es war ein unfreundlicher grauer Februartag, und die scharfe Luft schien neuen Schnee anzudrohen. Aber das machte den Mädchen nichts aus. Sie waren froh, einmal den ewigen Lysolgeruch los zu sein, einmal die harten Fußböden und die nie abreißende Arbeit hinter sich lassen zu können. Munter schritten sie aus. Susy in einem alten Skianzug, Connie in Sportrock und kurzem Pelz. Kopfbedeckungen verachteten sie.

Als es zu dämmern begann, wurden sie schweigsam. Sie befanden sich in einer ländlichen Gegend. Die vereinzelten kleinen Bauernhäuser mit den beschneiten Dächern wirkten recht verlassen in dem blauen Dämmerlicht. Susy schauderte und beschleunigte ihre Schritte.

»Was ist?« fragte Connie. »Frierst du? Willst du zurückgehen?«

Susy schüttelte den Kopf. »Nein. Nur – diese Häuser sehen so ärmlich und gedrückt aus. Man friert innerlich, wenn man sie anschaut.«

»Aber Susy!« rief Connie ganz verwundert. »Wie kannst du so etwas sagen! Ich würde niemals darauf kommen, einen Bauernhof mit all dem lebendigen Leben, das er in sich schließt, ärmlich und gedrückt zu nennen. Er ist doch ein Heim. Möglich, daß die Menschen, die darin leben, es nicht leicht haben, aber sie teilen doch alles miteinander. Sie arbeiten gemeinsam für etwas und...«

»Sehr edel und schön gesagt«, unterbrach Susy. »Aber möchtest du in einem dieser Häuser leben?«

Connie sah Susy mit ihren klaren Augen an. »Oh, wie gern! Ich möchte überall leben, wenn – wenn...« Sie stockte.

»Wenn Phil dabei wäre?«

»Ja.«

»Dich hat es tüchtig gepackt, Connie.«

»Ja, es ist schlimmer als Scharlach. Ach, Susy, ich bin ja so unglücklich!«

»Unglücklich? Aber warum denn, Connie? Hast du etwa Angst, daß er dich nicht liebt?«

»Nein, das ist es nicht. Ich weiß genau, daß er mich liebt.«

»Was bedrückt dich denn?«

Der halb geschmolzene Schnee platschte unter ihren Füßen. Connie starrte niedergeschlagen in die winterliche Landschaft.

»Es ist ja so idiotisch!« stieß sie plötzlich hervor. »Immerfort stolpere ich über das viele Geld. Die Sache ist nämlich die, daß Phil nichts davon weiß. Er glaubt, ich sei ... Na, er weiß es eben nicht. Anfangs erzählte ich ihm nichts davon. Warum sollte ich auch? Und jetzt – o Susy, jetzt, da ich ihn besser kenne, weiß ich, daß er vor dem Geld weglaufen wird.«

»Du meinst, er wird stolz ausrufen ›Niemand soll einem Sander nachsagen, er habe um des Geldes willen geheiratet!‹ und dann in die dunkle Nacht hinausgehen, wie sie es im Film machen? Das erscheint mir ziemlich dumm. Außerdem ist es doch das Geld deines Vaters und nicht deins.«

»Doch, es ist meins«, entgegnete Connie bedrückt. »Meine Großmutter hat mir eine Million Dollar vererbt. Das verflixte Geld verfolgt mich auf Schritt und Tritt.«

Susy schnappte nach Luft. »Eine Million Dollar! Warum hast du uns nie etwas davon gesagt?«

»Ich habe mir die größte Mühe gegeben, es zu vergessen. Ich wollte wie andere Mädchen sein. Niemand im Krankenhaus sollte davon wissen. Aber nun ist Phil da. Wenn er von dem Geld erfährt, wird er davonlaufen.«

Connie hat recht, dachte Susy. Ein Mann mußte schon großes Selbstvertrauen besitzen, um nicht vor einer Heirat mit einem so reichen Mädchen zurückzuschrecken. Denn es war damit zu rechnen, daß alle Welt ihn für einen Mitgiftjäger hielt. »Im Film geht es schließlich immer gut aus«, sagte sie in dem Bestreben, Connie zu trösten.

Connie schwieg zweifelnd. Sie schien jedoch wieder froheren Herzens zu sein, nachdem sie Susy ihre Sorgen anvertraut hatte. Ermüdet von der langen Wanderung, schlief sie abends bald ein, während Susy noch lange wach lag und nachdenklich zur Decke starrte. Wie wundervoll sicher sich Connie ihrer Liebe zu Phil war! Sie konnte es einfach nicht ertragen, ihn zu verlieren. So war es, wenn man wahrhaft liebte.

›Ich brauche keine Angst um Bill zu haben‹, dachte Susy verwirrt. ›Er wird immer da sein, der gute geduldige Bill! Ich möchte ja auch noch viele andere Dinge tun. Wie soll ich also jetzt schon an Heiraten denken? Ach, wenn ich doch wüßte, was ich eigentlich will!‹

Vorläufig blieb Susys Gemütszustand jedoch ungeklärt. Einige Tage später fand ein Wechsel in ihrem Dienst statt, der sie vorübergehend auf andere Gedanken brachte. Sie und Franziska Manson wurden in die Säuglingsabteilung im dritten Stock der Klinik geschickt und nahmen ihre neue Aufgabe mit großem Eifer in Angriff. Sie hatten zweiundzwanzig Babys zu betreuen.

Es machte Susy unendlich viel Freude, die warmen, zappelnden Geschöpfchen zu halten und zu baden. Sie grunzten vor Zufriedenheit, wenn ihre schlanken jungen Hände sie puderten oder einkremten. Sogar um Franziskas dünne Lippen huschte hin und wieder ein Lächeln, wenn sie die Kleinen versorgte.

Wie beseligend mußte es erst sein, das eigene Kind zu baden! Aber zu Kindern gehörte die Ehe. Susy seufzte. Schon wieder war sie bei demselben Problem angelangt. Immerfort drehten sich ihre Gedanken im Kreis. Sie wollte alles – und dann wieder nichts.

In der Säuglingsstube befanden sich zwei Frühgeburten, winzige Babys, die zu früh geboren waren und daher besonderer Pflege bedurften. Sie lagen in einem Brutapparat und mußten tropfenweise gefüttert werden – »immerfort und immerfort«, wie Franziska klagte.

Franziska fand die Babys ganz lustig, machte sich jedoch nicht viel aus ihnen. Die anderen Schwestern hielten sie für gefühllos, und sie gab selber zu, daß sie Patienten nicht leiden konnte. Daher nahm sich Susy der beiden Frühgeburten an. Auch übernahm sie die Pflege eines Babys mit verkrümmtem Rücken, das sehr sorgsam behandelt werden mußte. Sie machte die Arbeit gern.

Es war ein anderes Baby mit dem Namen Williams, das eine heftige Auseinandersetzung zwischen Susy und Franziska verursachte. Infolge dieser Auseinandersetzung geriet Susys Gemüt in einen unerwarteten Aufruhr.

Baby Williams hatte einen ungeheuren Appetit. Es schien überhaupt niemals satt zu werden. Der hübsche, pausbäckige kleine Junge mit dem dichten Haarschopf auf dem Hinterkopf schrie unaufhörlich. Seine Stimme war so durchdringend wie eine Sirene.

Kleine Kinder brauchen viel Schlaf und werden leicht durch Geräusche gestört. Aber Baby Williams kümmerte sich nicht darum, sondern schrie, denn er wollte trinken, immerfort trinken. Seine Stubengenossen, die der Lärm nicht schlafen ließ, protestierten mit Gebrüll.

Nachdem das zwei Tage lang so gegangen war, kam eine Inspektorin ins Zimmer. »Was ist hier eigentlich los? Das ist ja ein fürchterlicher Lärm!«

Die Mädchen erklärten ihr die Ursache des Aufruhrs. Sie waren gekränkt, als die Inspektorin die Vermutung aussprach, Baby Williams könnte naß sein oder Blähungen haben.

Franziska antwortete steif, daß Baby Williams nichts fehlte. Es wolle nur immerzu trinken.

Die Inspektorin blickte auf die viereckige Öffnung in dem roten Gesicht des Babys, aus der ohrenbetäubendes Geschrei drang.

»Geben Sie ihm fünfzig Gramm Molke«, ordnete sie an und verließ das Zimmer.

Baby Williams schlang die Molke hinunter und schrie. Nach kurzem Zögern gab Susy ihm noch etwas. Es war im Nu verschwunden.

»Dieser Säufer!« sagte Franziska ärgerlich.

»Was sollen wir nur mit ihm machen? Ich kann ihm unmöglich noch mehr geben. Er ist ja schon bis oben voll.«

Franziska lehnte sich über den Korb und sah Baby Williams böse an. Er schrie mit unverminderter Lautstärke.

Bevor Susy sie daran hindern konnte, hob Franziska das kleine Wesen hoch, legte es mit dem Gesicht nach unten über ihren Arm und gab ihm einen heftigen Klaps auf sein kleines Hinterteil.

Baby Williams schnappte erschrocken nach Luft und hörte zu schreien auf.

Grimmig legte Franziska es in den Korb zurück. Es war verdutzt, schrie aber nicht mehr.

»So! Jetzt wird der Nichtsnutz wohl endlich still sein!« sagte Franziska zufrieden.

Heftiger Zorn schnürte Susy die Kehle zu. Sie war unfähig, ein Wort hervorzubringen. Der Schlag an sich hatte nichts zu bedeuten. Neugeborene bekamen manchmal viel heftigere Schläge vom Arzt. Und um der anderen Kinder willen war es notwendig gewesen, etwas zu unternehmen. Außerdem hatte der Klaps gewirkt. Es war der rohe Gesichtsausdruck Franziskas, der Susy aus der Fassung brachte.

»Wie niederträchtig von Ihnen!« stieß sie schließlich hervor.

Franziska hob die Schultern. »Warum?«

»Weil Sie es nur taten, um sein Schreien nicht mehr mit anhören zu müssen«, antwortete Susy hitzig. »Wenn Sie eine wahre Krankenschwester wären, hätten Sie es zuerst auf andere Weise versucht.«

»Warum haben Sie es denn nicht auf andere Weise versucht?«

»Sie ließen mir keine Zeit dazu.«

»So gehen Sie doch hin und verpetzen mich!«

»Ich habe nicht die geringste Absicht, Sie zu verpetzen, das wissen Sie sehr gut. Aber eins muß ich Ihnen einmal in aller Deutlichkeit sagen: Ich finde Ihre kalte Art weder witzig noch klug. Und ich habe bemerkt, daß Sie immer nur jemand angreifen, der sich nicht wehren kann.«

Franziska lachte und behielt ihre gelassene Haltung, aber ihre Augen funkelten ebenso wütend wie die von Susy.

Danach wurde der Vorfall von den beiden nicht mehr erwähnt. Baby Williams schien für immer geheilt zu sein und schrie nicht mehr als die anderen Babys. Susy und Franziska begegneten sich mit der gleichen Liebenswürdigkeit wie immer. Ihre Zusammenarbeit war ebensogut wie vorher. Aber es stand ein unsichtbarer Schatten zwischen ihnen, und Susy hatte das unbestimmte Gefühl, auf der Hut sein zu müssen, obwohl sie nicht wußte wovor.

Als Susy etwa eine Woche nach dem peinlichen Vorfall mit Baby Williams eines Abends in ihr Zimmer trat, fand sie Connie in einem Zustand fieberhafter Erregung vor. Die Haube saß ihr auf einem Ohr. Ihr Gesicht glühte, die Augen glänzten, ihre dünnen nervösen Hände flatterten.

»Susy, Susy! Ich bin verlobt!«

»Ach, Connie, wie wundervoll! Ich gratuliere.« Susy ergriff die flatternden Hände und küßte Connie herzlich.

»Sieh, hier!« Connie hielt ihre linke Hand hoch. Auf dem Ringfinger saß ein kleiner einfacher Platinring mit einem winzigen Diamanten.

›Wie lange Zeit hat Phil wohl dazu gebraucht, um diesen Ring zu bezahlen‹, dachte Susy bei sich. ›Connie aber hätte ihn von ihrem Taschengeld kaufen können. Armer Phil!‹

»Ich weiß, woran du denkst«, sagte Connie leise. »Ich – habe ihm noch nichts gesagt. Aber ich werde es tun. Bisher hatte ich nicht den Mut dazu.«

Susy erschrak. Je länger Connie es aufschob, desto schwerer würde es ihr werden, Phil die Sache zu erklären. Aber das war Connies Angelegenheit. ›Ich will lieber nicht mehr davon sprechen‹, dachte sie. ›Mag das arme Ding glücklich sein, solange es geht!‹ Laut sagte sie: »Du wirst es schon richtig machen, Connie. Erzähle mir jetzt, wie alles kam. Wann geschah es, und wo und wie?«

Connie war nur allzu froh, nicht mehr über die Geldfrage sprechen zu müssen, und erzählte strahlend von ihrem großen Glück. Sie redete wie im Fieber und verhaspelte sich vor Erregung. Susy schob sie in einen Sessel und hörte gespannt zu.

Phil hatte Connie nachmittags ganz unerwartet besucht. Er war auffallend ernst, sehr reizend und etwas verlegen gewesen. Connie konnte nicht mit ihm ausgehen, weil sie sich für eine Entbindung bereithalten mußte, aber sie hatten das Wohnzimmer für sich allein. Und dort geschah es dann – »in dem gesegneten kleinen Chintzzimmer«.

»Er sagte, er könne nicht länger warten«, sprudelte Connie hervor. »Er müsse endlich Gewißheit haben. Der dumme, liebe Kerl! Selbst die Babys müssen es mir ja an der Nasenspitze ansehen, wie verliebt ich in ihn bin. Wir kamen ganz durcheinander und lachten – und weinten auch ein bißchen – ich wenigstens weinte. Es war alles so – so – Ach, ich kann es einfach nicht beschreiben.«

»Und deine Eltern?« fragte Susy.

Connie zuckte die Achseln. Ihr Ausdruck war ungewohnt bitter. »Mutter ist es gleichgültig, was ich tue. Sie hat mich als hoffnungslos aufgegeben.« Dann hellte sich ihr Gesicht wieder auf. »Aber Pa wird sich freuen. Er will nur, daß ich glücklich bin.«

»Wann werdet ihr heiraten?«

Connies Glück schien wie fortgeblasen. Sie schwieg einen Augenblick. Dann sagte sie bedrückt: »Phil möchte ein paar Monate nach Beendigung meiner Ausbildung heiraten. Er bekommt bald eine Gehaltserhöhung. Aber ich denke überhaupt nicht an die Zukunft. Wahrscheinlich werde ich eines Tages durch die verlassene Kirche wandeln und – ganz allein den Hochzeitsmarsch singen – natürlich falsch –, während Phil wie eine schöne ferne Wolke über dem Horizont schwebt.«

»Hör auf, Connie!« rief Susy entsetzt.

Was für ein schwindelerregendes Durcheinander! Susy atmete auf, als die glückliche und gleichzeitig unglückliche Connie endlich im Bett lag. Je älter man wird, desto verwirrender ist das Leben, dachte sie, bevor sie selber in Schlaf sank.

Connies Verhalten in der folgenden Woche verstärkte diesen Eindruck noch. Sie war abwechselnd überglücklich und äußerst niedergeschlagen. Jeden Abend ging sie stahlend mit Phil aus und kehrte nervös zurück. Sie weinte nachts im Schlaf und sprang morgens singend aus dem Bett. Sie erbleichte plötzlich bei Tisch und antwortete nicht, wenn man sie etwas fragte. So kann es nicht weitergehen, dachte Susy. Es muß bald etwas geschehen.

Es geschah auch etwas, aber nicht mit Connie.

Eines Morgens badete Susy die Babys. Franziska reichte sie ihr zu, nachdem sie die Kleinen gewogen und das Gewicht notiert hatte. Eines hatte einen leichten Kolikanfall gehabt. Das hatte die Mädchen unerwartet lange aufgehalten. Nun arbeiteten sie schnell und schweigend, um die Zeit wieder einzuholen, denn die Babys sollten um neun Uhr bei ihren Müttern sein.

Susy, die eifrig wusch, trocknete und puderte, bemerkte nicht, daß Franziska ihr von Zeit zu Zeit einen sonderbaren Seitenblick zuwarf und dabei hämisch lächelte. Als Franziska ihr das letzte Baby zureichte, sagte sie wie beiläufig: »Ich war gestern in der Stadt und machte einen Besuch im Krankenhaus.«

»Mmm«, machte Susy, während sie ein flaumiges Köpfchen einseifte und das quiekende Baby anlächelte.

»Es wird viel über Elenor Gerard und Bill Barry gesprochen.«

Der Schwamm, den Susy in der Hand hielt, fiel ins Wasser. Sie griff hastig danach, aber Franziska entging nichts. Um ihren Mund spielte ein böses Lächeln.

»Wirklich?« fragte Susy mechanisch.

»Ich hörte es von verschiedenen Seiten. Natürlich wird im Krankenhaus viel geklatscht. Aber es ist ja nichts Neues, daß Elenor schon lange hinter ihm her ist. Die bekommt bestimmt den Mann, den sie haben will.«

»Das glaube ich auch.«

Susys Stimme klang sonderbar fern und fremd. »Elenor ist eins der hübschesten und anziehendsten Mädchen, die ich kenne.« Sie setzte das nasse Baby auf ein Handtuch in ihrem Schoß und beugte sich darüber.

Franziska lehnte sich gegen einen Korb und wartete, bis Susy aufblickte, weil sie einen Wattebausch brauchte. Dann ließ sie ihre Bombe fallen.

»Jedenfalls ist es nicht nur Gerede, daß sie dauernd zusammen ausgehen. Gestern abend sah ich sie Arm in Arm aus dem Theater kommen.«

Es entstand eine unheimliche Stille. Franziska lächelte wieder und beobachtete, wie die Farbe aus Susys Gesicht wich. Endlich gelang es Susy, sich zu fangen – mit welcher Mühe, wußte nur sie allein. Ihre Stimme zitterte unmerklich, obwohl sie in leichtem Ton sprach.

»Ach, Mädchen sind in diesem Punkt alle gleich. Aber ich finde es unvorsichtig von beiden, sich in aller Öffentlichkeit zu zeigen. Fräulein Mason hätte ja an dem Abend ebenfalls ins Theater gehen können.«

»Das ist Elenor offenbar gleichgültig. Sie denkt gewiß, der Einsatz lohne den Preis.«

»Nun ja, was geht es uns an?« Susy streifte dem Baby einen Flanellunterrock über den Kopf und griff nach einem winzigen Kleidchen.

Franziska lachte auf. »Mich geht es wahrhaftig nichts an!«

Das Baby war angezogen. Susy nahm es unter den Arm und stand auf. »So, wir sind fertig! Soll ich die Babys hinunterbringen, oder wollen Sie es machen?«

»Ach, gehen Sie nur. Sie tun das ja so gerne. Oder möchten Sie heute lieber hierbleiben? Sie sehen schlecht aus. Fehlt Ihnen etwas?«

Susy nahm zu einer altbewährten Ausrede ihre Zuflucht. »Wahrscheinlich habe ich etwas gegessen, was mir nicht bekommen ist.«

Sie öffnete die Tür des Fahrstuhls und schob den Wagen mit den Babys hinein. Langsam rüttelte der Fahrstuhl nach unten. ›Ich muß sorgfältig auf die Schildchen achten‹, dachte Susy. ›Auf keinen Fall darf ich die falschen Babys den richtigen Müttern – – nein, ich meine natürlich – –‹. Unzusammenhängende Wörter, Satzteile ohne jeden Sinn durchschwirrten ihren Kopf. Aber die Aufgabe, den Müttern ihre Babys zu bringen, zwang sie, sich zusammenzunehmen.

Sie spürte einen sonderbaren scharfen Schmerz in der Brust, als würde diese von einer schweren Last zusammengedrückt. Das erschien ihr seltsam, denn ihre Gedanken waren ohne jedes Gefühl. Reglos stand sie neben dem Wagen und wartete auf die Babys, um sie nach dem Trinken wieder zurückzubringen. Sie preßte die Hände gegen die Brust. Ihre Gedanken klärten sich allmählich.

Warum sollte Bill eigentlich nicht mit anderen Mädchen ausgehen? Ach, wenn es sich nicht gerade um Bill handelte, wäre die Sache vollkommen bedeutungslos. Denn Bill war kein Frauenjäger. Er war viel zu sehr von seiner Arbeit in Anspruch genommen, um seine Zeit mit Spielereien zu verlieren. Wenn er mit einem Mädchen ausging oder ihr überhaupt Aufmerksamkeit schenkte, konnte das nur eins bedeuten. Dann war er ernsthaft interessiert an dem Mädchen.

Es war ihre eigene Schuld, dachte Susy bedrückt. Sie hatte ihn an der Nase herumgeführt wie ein vierzehnjähriger Backfisch. Sie wußte nicht, was sie wollte; sie hatte ihn hingehalten und vertröstet. Kein Wunder, daß er des Wartens überdrüssig war, daß er die Geduld verloren hatte.

›Ich habe ihn immer geliebt und wußte es nicht. Aber

jetzt weiß ich es. Und nun ist es zu spät. Ich habe ihn verloren, sonst hätte er das nicht getan.‹ Sie sah seinen lieben Kopf vor sich, wie sie ihn damals im Mondlicht gesehen hatte, als die Weihnachtsglocken durch die stille Nacht läuteten. Er hatte sie gefragt, ob sie seine Frau werden wolle. Er hatte ihr alles geboten, was er besaß, was er war, was er von der Zukunft erhoffte. Sie aber hatte gezögert, hatte ihn im ungewissen gelassen und mit einem kühlen Kuß abgespeist.

Dieser peinigende Schmerz! So war es also, wenn man liebte. Alles andere wurde plötzlich gleichgültig, nur dies eine war wichtig. Hatte er um ihretwillen auch so gelitten? Ach, Bill, lieber Bill! Und sie hatte geglaubt, er würde immer für sie da sein – trotz des Schmerzes, den sie ihm zugefügt hatte. Wie hast du es zustande gebracht, daß der Schmerz aufhörte, Bill? Wie hast du dich von ihm befreit?

»He, Schwester Barden!« sagte eine Stimme. »Wachen Sie auf! Es ist heller Tag, und alle Vögel singen. Wollen Sie die Babys nicht zurückbringen? Oder haben Sie die Absicht, die Babystube in den Korridor zu verlegen?«

»Wie? Ach, Verzeihung!«

Nun, ihr blieb immer noch die Arbeit. Vielleicht half ihr die Arbeit darüber hinweg.

Noch ein Schreck

Susy erwachte mit dem gewohnten Schmerz, mit diesem scharfen quälenden Schmerz in der Brust, der sie nicht mehr verließ. Sie fühlte ihn schon, bevor sie noch ganz wach war und sich an seine Ursache erinnerte.

»Barden! Telefon!«

»Ja, ich komme!« rief Susy, während sie nach dem Morgenrock griff und in die Pantoffeln schlüpfte. Konnte das

Bill sein? Er rief sie manchmal an – allerdings nicht oft. Susys Herz begann schneller zu klopfen.

Im Zimmer herrschte dämmriges Licht. Susy sah zu dem anderen Bett hinüber. Connie schlief noch. Sicherlich war Kit am Telefon, nicht Bill. Susy tastete nach der Türklinke. Während sie die Treppe hinunterlief, machte sie den Gürtel ihres Morgenrocks zu. Die Telefonzelle stand in der Diele. Niemand war zu sehen.

Susy riß den Hörer hoch. »Hallo?«

»Hallo!« antwortete eine Männerstimme. »Ist dort Susanne Barden?«

»Ja«, antwortete Susy enttäuscht.

»Hier ist Georg Lamson. Haben Sie heute abend etwas vor? Ich dachte, vielleicht ...«

»Es tut mir leid, Dr. Lamson. Ich habe Nachtdienst.«

Susy war froh, daß sie nicht nach einer Ausrede zu suchen brauchte. Sie hatte keine Lust, mit Dr. Lamson auszugehen, ganz abgesehen davon, daß es riskant war. Warum rief er sie nach so langer Zeit an? Wahrscheinlich hatte ihn ein anderes Mädchen versetzt.

»Oh, wie schade!« sagte er. »Ich habe einen wunderschönen neuen Wagen und möchte ein wenig damit protzen. Er ist erst heute gekommen. Sie könnten um zehn Uhr wieder zurück sein.«

»Es tut mir leid«, wiederholte Susy geduldig. »Wir haben hier keinen Achtstundentag. Mein Dienst beginnt um sieben.«

»Na, dann ist nichts zu machen.«

»Nein. Wie geht es Ihnen?«

»Ach, großartig. Augenblicklich bin ich damit beschäftigt, die neuen Probeschwestern zu beeindrucken.« Er machte eine kleine Pause. »Übrigens – ich habe eine Neuigkeit für Sie. Bill Barry hat das Krankenhaus heute verlassen. Man sagt, er hätte gekündigt. Parker übernimmt seinen Platz. Ich weiß nicht, ob es für dauernd oder nur vorübergehend ist. Parker weiß es auch nicht. Hallo – hallo! Sind Sie noch da?«

»Ja.« Susy gab sich große Mühe, klar zu sprechen, obwohl ihr der Hals wie zugeschnürt war. »Ja, ich bin noch da. Wie...« Ihr versagte die Stimme. Sie schluckte und begann noch einmal. »Wie kommt es, daß Dr. Parker seinen Platz übernimmt? Sind Sie nicht älter als Parker?«

»Nein, er ist der nächste. Haben Sie wirklich keine Zeit für eine kurze Fahrt?«

»Nein, es geht beim besten Willen nicht.«

»Schade! Wie ist es mit...?«

»Ich muß jetzt leider Schluß machen. Man ruft nach mir. Vielen Dank für Ihre Einladung. Auf Wiedersehen!«

»Auf Wiedersehen!«

Deshalb hatte er also angerufen! Oder doch nicht? Ach, es war gleichgültig. Bill war fort – ohne ihr ein Wort zu sagen. Wie konnte er das nur tun! Sie waren schließlich noch Freunde. Vielleicht hatte er geschrieben.

Mit einem Satz war sie am Postregal. Es war kein Brief für sie gekommen. Langsam und müde ging sie nach oben. ›Ich kann das nicht mehr lange aushalten‹, dachte sie wie betäubt. Bill hatte das Krankenhaus ohne Abschied verlassen. Sie konnte es einfach nicht glauben. Und doch war es so. Nach einer Woche war ihr Kursus in der Johannes-Klinik zu Ende. Sie würde zum Krankenhaus zurückkehren, und er würde nicht da sein. Es war nicht auszudenken.

Sein Brief kam am nächsten Tag mit der zweiten Post. Susy hatte den ganzen Vormittag sehnlichst darauf gewartet. Schon um elf Uhr war sie hohläugig und übernächtigt hinuntergegangen, um zu sehen, ob mit der ersten Post etwas für sie gekommen wäre. Danach hatte sie sich angezogen und zu lesen versucht, aber die Buchstaben verschwammen ihr vor den Augen.

Nun hielt sie den Brief in der Hand, starrte eine Weile darauf, ohne ihn zu öffnen. Dann ging sie in das kleine Wohnzimmer und setzte sich in eine Ecke, die durch einen Wandschirm von dem übrigen Raum abgeteilt war. Sie wählte diesen Platz ganz unbewußt, weil sie sich hier geschützt fühlte.

Endlich öffnete sie den Brief. Er war vom Tag vorher datiert und lautete:

›Liebe Susanne! Ich versuchte Dich heute mittag telefonisch zu erreichen. Aber man sagte mir, Du schliefest und dürftest nicht gestört werden.‹

»Oh!« stöhnte Susy.

›Später hatte ich leider keine Gelegenheit mehr, Dich anzurufen. Ich muß ganz plötzlich in einer beruflichen Angelegenheit verreisen. Es hat keinen Zweck, Dir schon jetzt Näheres zu erzählen, weil noch alles zu ungewiß ist. Ich weiß nicht, wie lange ich fortbleiben werde – wahrscheinlich ein paar Monate. Wenn sich alles so entwickelt, wie ich hoffe, werde ich meine Stellung im Krankenhaus aufgeben. Sicher ist das jedoch noch nicht. Vorläufig bin ich für drei Monate beurlaubt.

Es tut mir leid, daß ich Dich nicht mehr sehen kann, bevor ich fortfahre, aber mir bleibt keine Zeit mehr dazu. Schreibe mir, wenn Du magst. Meine Adresse ist: Springdale, New Hampshire, Montgomery 31.

Dir alles Gute! Herzlichst Dein Bill.‹

Das war alles. Ein höflicher Brief, der nichts besagte. Es tat ihm leid, daß er sie nicht mehr sehen konnte, bevor er fortfuhr, aber er hatte keine Zeit mehr dazu. Er hätte sich die Zeit nehmen können, wenn er Susy wirklich zu sehen wünschte. Aber er wollte es eben gar nicht – nicht mehr. Susys Hände, die den Brief hielten, lagen schlaff in ihrem Schoß.

Bill war fort. Merkwürdig, daß die Welt nicht zusammenstürzte! Der alte Wandschirm neben ihr blieb unerschüttert auf seinem Platz stehen. Die Dämmerung senkte sich wie jeden Tag um diese Zeit über die Erde. Vor den Fenstern des Hauses wurde es grau. Alles war wie immer. Und doch würde nichts wieder so wie früher sein. Selbst die Türglocke, die soeben anschlug, hatte einen anderen Klang als sonst.

Susy hörte eilige Schritte auf der Treppe. Nun begrüßte Connie jemand, Phil wahrscheinlich. Arme Connie! Susy hatte sich in den beiden letzten Wochen fast gar nicht um sie gekümmert.

Die beiden würden ins Wohnzimmer kommen. Susy konnte in ihrer Ecke niemand sehen. Sie wollte nicht horchen, war aber so verzweifelt, daß es ihr unmöglich war, sich von der Stelle zu rühren. Wenn sie etwas hörte, geschah es gegen ihren Willen. Was machte es schließlich auch aus? Sie würde still hinter dem Schirm sitzen bleiben und warten, bis Connie und Phil wieder fortgingen.

Es entstand eine Bewegung im Raum, dann herrschte kurze Zeit Stille. Die beiden setzten sich nicht, denn man hörte kein Knacken der Möbel.

Nun sagte Phil ernst: »Liebes, soeben erhielt ich deine Zeilen und kam hierher, so schnell ich konnte. Ist etwas passiert?«

Connie antwortete stockend und ängstlich: »Nein, Phil, eigentlich nicht. Nur – ich habe dir etwas zu sagen. Ich wollte es dir schon oft sagen, wenn wir zusammen waren. Aber ich konnte nicht. Ich mußte erst . . .«

»Was ist es, mein Herz?«

»Du weißt, daß ich dich liebe, Phil.«

»Und ich liebe dich – mehr als alles auf der Welt. Sage mir jetzt, was los ist.«

»Ja. Bitte unterbrich mich nicht, sonst kann ich – es dir nicht sagen. Ich hätte es dir schon früher sagen sollen, aber ich brachte es einfach nicht fertig. Ach, Phil, ich . . .« Sie atmete schwer. »Phil, ich bin nicht arm, wie du bisher dachtest, wie ich vorgab. Ich – besitze eine Million Dollar.«

Es entstand eine lange Stille.

»Phil?« fragte Connie scheu.

Kurz darauf hallte der Raum von seinem Gelächter wider.

»Phil!«

»Entschuldige, Liebes! Ich wollte dich nicht kränken. Aber du hattest mir solche Angst eingejagt. Connie, mein Herz, ich dachte, du wolltest mir sagen, daß du mich nicht mehr liebst oder etwas ähnliches.«

»Du meinst, es – hat nichts zu bedeuten?«

»Nun, eine Million Dollar hat schon etwas zu bedeuten«, entgegnete Phil kichernd. »Denk nur, wie oft du mit dem Geld telefonieren oder Straßenbahn fahren kannst. Das ist keine Kleinigkeit!«

»Es bleibt also alles zwischen uns, wie es war?«

Phils Lachen verebbte. Er wählte seine Worte sorgfältig, als er ihr antwortete.

»Mein liebes Herz, ich weiß natürlich, was du mit dieser Frage meinst. Du befürchtest, es könnte meinen Stolz kränken, wenn die Leute sagen, daß meine Frau mich mit seidenen Hemden und phantastischen Sockenhaltern bekleide.« Er machte eine Pause. »Nun, meine Freunde wissen, daß ich keine seidenen Hemden trage und mir phantastische Sockenhalter selber kaufen kann, wenn ich will. Ich hoffe, du hast nichts dagegen, in einer Wohnung zu wohnen, die ich bezahlen kann. Ich hoffe, du begnügst dich mit dem einen Mädchen, das ich dir halten kann. Alles übrige interessiert mich nicht. Das Geld gehört dir. Tu damit, was du willst. Kauf dir meinetwegen eine Kutsche mit vier Pferden oder ein paar Rubine, die von einem Heiligenbild der Hindus gestohlen wurden. Ich bitte dich nur um eins: Hab mich lieb!«

»Ach, du dummer Kerl!«

Es dauerte noch eine Weile, bis sich die Haustür endlich hinter Phil geschlossen hatte und Connies federleichte Schritte auf der Treppe zu hören waren.

Susy blieb reglos auf ihrem Platz sitzen. All das hätte sie auch haben können.

Es war jetzt ganz dunkel im Zimmer. Draußen hoben sich die Fichten wie schwarze Pfeile vom Abendhimmel ab. Kleine Frühlingssterne blitzten zwischen ihren Zweigen auf. Ein Windstoß rüttelte an den Fenstern, und in der Ferne schrie eine Eule.

Susy erhob sich langsam und steif. Sie mußte sich anziehen; sie mußte etwas essen; sie mußte bald zum Dienst.

Die letzten Monate

Susy freute sich, wieder in das alte Krankenhaus zurückzukommen. Verwundert stellte sie fest, daß man zur gleichen Zeit froh und unglücklich sein kann. Das Krankenhaus war ihr Heim. Sie hatte es geliebt, solange sie dort war, und liebte es noch immer. Die vertraute Umgebung beruhigte sie ein wenig.

In ihren dienstfreien Stunden war Susy jetzt oft allein. An demselben Tag, an dem sie und Connie zurückkehrten, siedelte Kit in die Johannes-Klinik über. Connie war in jeder freien Minute mit Phil zusammen. Und mit den anderen Schwestern hatte Susy niemals auf besonders vertrautem Fuß gestanden.

Connie machte sich Sorgen, weil Susy immer dünner wurde. Sie brachte ihr Obst, Schokolade und andere Leckereien aus der Stadt mit. Susy aß alles, blieb aber nach wie vor mager. Connie war zu feinfühlend, um sich in Susys Vertrauen drängen zu wollen, und quälte sie nicht mit Fragen. Sie und Phil forderten Susy oft auf, mit ihnen zusammen auszugehen. Hin und wieder ging Susy mit. Die Fürsorge der beiden rührte sie, und sie wollte nicht undankbar erscheinen.

Eines Tages begegnete sie Fräulein Cameron auf dem Korridor. Sie sah Susy scharf an. Dann stieß sie hervor: »Sie sind ja nur noch Haut und Knochen! Was ist mit Ihnen los?«

»Nichts, Fräulein Cameron.«

»Unsinn! Sie haben eine miserable Farbe. Ich werde mit Fräulein Mason darüber sprechen.«

Sie sprach mit Fräulein Mason. Susy mußte sich im Ambulatorium untersuchen lassen. Es stellte sich heraus, daß ihr gar nichts fehlte. Die Verschreibung einer schlechtschmeckenden Medizin vergrößerte ihr Elend nur noch.

Man schickte sie in den Privatpavillon, in dem eine Abteilung des Krankenhauses für reiche Leute untergebracht war. Hier lernte Susy die Menschen von einer anderen Seite kennen. Die Reichen hatten gewöhnlich mehr Angst vor Krankheiten als die Armen, waren jedoch fast immer besser gelaunt.

Sie klagten viel, aber dann konnten sie auch wieder die schwersten Krisen so witzig beschreiben, daß die Zuhörer sich vor Lachen bogen.

Der Dienst im Privatpavillon dauerte meistens drei Monate. Susy, die sich in jeder Abteilung des Krankenhauses wohl fühlte, hatte sich auch dort bald eingelebt.

Der April kam mit schwellenden Knospen. Der Himmel schimmerte wie Seide, die Efeuranken streckten winzige Blätter ins Freie, und plötzliche Regengüsse peitschten gegen die Fenster. Susy mußte Unterrichtsstunden nachholen, die sie während ihres Aufenthaltes in der Johannes-Klinik versäumt hatte, und arbeitete fleißig. Ihr blieb nicht viel Zeit zum Grübeln übrig. Eines Tages bemerkte sie zu ihrer Überraschung, daß der peinigende Schmerz in ihrer Brust sich in eine erträgliche Traurigkeit verwandelt hatte.

›Wahrscheinlich kann der Mensch einen solchen Schmerz auf die Dauer nicht ertragen‹, dachte sie bei sich.

Am ersten Mai begann Connie mit ihrem Narkosekursus. Susy wurde nachdenklich, als sie davon erfuhr. Wozu eigentlich die ganze schöne Ausbildung, wenn Connie schließlich doch heiratete? Allerdings wußte man nie, ob man diese Kenntnisse noch einmal gebrauchen konnte, selbst wenn man verheiratet war.

Mitte des Monats kam ein kurzer Brief von Bill. Er hatte seine Stellung im Krankenhaus endgültig aufgegeben. Es gab viel zu tun in Springdale. Die Arbeit machte ihm Freude.

Susy fragte sich, was er wohl an Elenor Gerard schrieb. Aber eigentlich hatte das jetzt nichts mehr zu sagen. Sie beantwortete seinen Brief. Erst im Juni schrieb er wieder. Sie wünschte fast, er würde sie in Ruhe lassen. Es würde ihr dann leichter werden, ihn zu vergessen, meinte sie.

Sie erfuhr aus seinem Brief, daß er viel operierte, aber

über die näheren Umstände teilte er nichts mit. Er schrieb, daß der Juni in New Hampshire recht kalt wäre; es gäbe sogar noch Nachtfröste. Er vermißte das Krankenhaus. Er fragte, ob sie nicht in der Nähe von Springdale zu Hause wäre. Er hoffte, daß es ihr gut ginge.

Nach zwei Wochen antwortete Susy zurückhaltend mit ein paar kurzen freundlichen Zeilen.

Darauf schrieb er überhaupt nicht mehr, aber Mitte Juli bekam sie einen Brief von ihrer Mutter, der sie sehr überraschte.

›... Vorigen Sonntag besuchte uns ein netter junger Mann, ein Dr. Barry. Er kennt dich aus dem Krankenhaus. Pa mochte ihn gleich sehr gern, was selten bei ihm vorkommt. Die beiden stöberten zusammen im Garten umher und unterhielten sich ausgezeichnet. Pa beschrieb ihm ausführlich, wie er seine Birnbäume veredelt. Hoffentlich hat er ihn nicht zu sehr damit gelangweilt. Ted geht es gut. Er läßt dich grüßen...‹

Es war nett von Bill, ihre Familie aufzusuchen. Aber warum tat er das? So weit brauchte er die Höflichkeit nicht zu treiben.

Als Kit aus der Johannes-Klinik zurückkehrte, blieb Susy nicht mehr so einsam. Wie in den vergangenen Jahren fuhren sie an heißen Tagen Kanu. Manchmal kam Connie mit und ein paarmal auch Phil.

Kit versuchte ebensowenig wie Connie, sich in Susys Vertrauen zu drängen. Es war eigentlich merkwürdig, daß Kit sich nicht auch in jemand verliebte. Susy vermutete, daß sie an einem Mann in ihrer Heimat interessiert sei, wußte es aber nicht genau. Die Ärzte hatten Kit gern, und wenn sie nicht mit ihnen ausging, so lag es nicht an mangelnden Einladungen.

Einmal äußerte sich Kit über diesen Punkt. »Die guten, lieben Männer!« sagte sie spöttisch. ›Komm und unterhalte uns‹, flöten sie. ›Wenn du etwa nachher deswegen Ärger haben solltest, tut uns das ja so furchtbar leid!‹«

Susy lachte. Sie war nun beinahe wieder die alte. ›Vielleicht gelingt es mir, darüber hinwegzukommen‹, dachte sie.

Am ersten August wurde Susy Stationsschwester. Sie hatte gar nicht mehr daran gedacht, daß Fräulein Waring ihr vor kurzem eine solche Laufbahn vorgeschlagen hatte. Nun gab ihr die Schulleitung unvermittelt diese Möglichkeit.

»Sie werden mit der Leitung von Station 29 betraut«, sagte Fräulein Mason, während sie das schmale schwarze Samtband an Susys Haube befestigte. »Wir glauben, daß Sie die Fähigkeiten zur Stationsschwester haben und sich auf Ihrem Platz bewähren werden.«

Susy, die geglaubt hatte, sich nie wieder über etwas freuen zu können, verließ das Büro wie auf Wolken schwebend. Station 29 war mit genesenden Männern belegt und nicht schwierig; aber es war eine Station, und sie sollte sie leiten! Als sie die schmale Treppe hinter der Röntgenabteilung hinaufeilte, sah sie Hilda Grayson herunterkommen. Sie versuchte, gleichgültig zu erscheinen, aber es gelang ihr nicht recht. Hilda blieb mit einem Ruck stehen. »Barden!« schrie sie und schlug sich mit der Hand auf den Mund. »Susy! Sie sind Stationsschwester? Wann ist das passiert? Welche Station bekommen Sie?«

»Station 29«, antwortete Susy, so ruhig sie konnte. »Soeben hat Fräulein Mason es mir gesagt. Ich bin auf dem Weg zur Station, um sie zu übernehmen.«

»Wie wundervoll! Ich gratuliere!« Dann grinste Hilda. »Was wird Willi dazu sagen? Wie hübsch das schwarze Band aussieht! Hätte ich doch auch eins!«

»Sie werden es ebenfalls bald bekommen.« Susy gab sich große Mühe, ihre triumphierende Freude zu verbergen. Aber es war doch zu herrlich! Und das schmale schwarze Band war die Vorstufe zu dem breiten schwarzen Band der Krankenschwester mit Diplom. Der Dienst als Stationsschwester würde wahrscheinlich ihr letzter im Krankenhaus sein. Lernschwestern blieben gewöhnlich drei bis vier Monate auf diesem Posten. Nach anderthalb Monaten bekam

Susy ihr Diplom. Die beiden Monate, die sie nachzuholen hatte, würde sie sicherlich als Leiterin von Station 29 ableisten.

Es war jedoch noch ein anderer Gedanke, der Susy bewegte. Wie alle Lernschwestern hatte sie oft gedacht, daß sie eine Station viel besser leiten könne als die Stationsschwestern, bei denen sie gearbeitet hatte. Sie würde die Mädchen bestimmt nicht dauernd unterbrechen, wenn sie einmal eine Arbeit angefangen hatten. Sie würde nicht müßig an ihrem Pult sitzen, während sie sich abrackerten, sondern mit ihnen zusammen arbeiten. Sie sollten den Urlaub bekommen, den sie haben wollten, und wenn sie im Dienst einmal miteinander plauderten, würde sie nicht gleich tadelnd dazwischenfahren, sondern Verständnis zeigen. Natürlich würde sie diese Neuerungen nicht sofort einführen, sondern nach und nach. Dann würde die Schulleitung eines Tages mit Staunen entdecken, daß die Stationsschwester von Station 29 ein Genie war.

Diese schönen Vorsätze ließen sich jedoch nicht so leicht in die Tat umsetzen. Es gehörte mehr dazu, eine Station zu leiten, als Susy geglaubt hatte, und sie mußte ihren Plan, den Schwestern ein Paradies darin zu bereiten, vorläufig aufgeben. Fünfundzwanzig Patienten mit Essen, Medikamenten, besonderer Diätkost und der notwendigen Wäsche zu versorgen, war keine Kleinigkeit. Susy mußte den Stationsarzt, die Assistenzärzte und die Inspektorin auf ihrer Runde begleiten. Sie mußte darauf achten, daß die Ärzte ihre Anordnungen aufschrieben und nicht nur mündlich mitteilten. Sie hatte die Arbeit der Reinemachefrau zu überwachen, denn der Krankensaal mußte immer peinlich sauber sein. Sie hatte dafür zu sorgen, daß die Anweisungen der Ärzte genau befolgt wurden. Außerdem war es die Aufgabe der Stationsschwester, Klagen der Patienten mit Takt und Festigkeit zu begegnen. Sie mußte darauf achten, daß sie sich wohl fühlten und gut versorgt wurden. Alle Arbeiten auf der Station mußten nach einem bestimmten Plan und zur rechten Zeit gemacht werden.

Unter diesen Umständen ließ es sich nicht immer vermeiden, die Schwestern bei einer Arbeit zu unterbrechen. Nach zwei Wochen glaubte Susy jedoch, die Station fest genug in der Hand zu haben, um ein paar Neuerungsversuche wagen zu können.

Die Arbeit auf der Station war zwischen vier Schwestern aufgeteilt. Eine hatte die Küche und die Ausgabe der Hauptmahlzeiten unter sich. Eine zweite hatte für Medikamente und Wäsche zu sorgen. Die dritte verwaltete das Laboratorium, und die vierte kümmerte sich um die Zwischenmahlzeiten um zehn und um drei. Eines Tages waren alle vier Schwestern mit ihren Arbeiten beschäftigt, als Susy sich daran erinnerte, daß der Patient Carter zur Röntgenabteilung gebracht werden mußte. Sie beschloß, ihn selber zu begleiten.

Bei ihrer Rückkehr erfuhr sie, daß während ihrer Abwesenheit zwei Assistenzärzte und die Inspektorin dagewesen waren. Die Inspektorin war sehr ärgerlich gewesen, Susy nicht auf ihrem Platz vorzufinden.

Einige Tage später versuchte Susy, ihre Idee durchzuführen, den Schwestern bei ihrer Arbeit zu helfen, anstatt müßig an ihrem Pult zu sitzen. Fräulein Master, die Inspektorin, fand sie im Wäschezimmer damit beschäftigt, Handtücher und Kissenbezüge auf dem Regal aufzustapeln.

»Was soll das bedeuten, Fräulein Barden?«

Susy erklärte es ihr. Die Schwestern wären überlastet. Sie wollte ihnen ein wenig helfen.

Die Inspektorin entgegnete freundlich, aber bestimmt: »Die saubere Wäsche aufzustapeln, ist Aufgabe Ihrer Schwestern. Sie können die Zügel einer Station nicht in der Hand behalten, wenn Sie nicht wissen, was vor sich geht. Ihr Platz ist an Ihrem Pult und nicht in der Wäschekammer. Wenn die Arbeit auf einer Station so schlecht eingeteilt ist, daß die Stationsschwester mithelfen muß, versteht sie nicht zu organisieren.«

»Ja, Fräulein Master.«

Susy folgte der weißgekleideten Gestalt in den Saal. Die

Inspektorin ging zum Pult, sah die Liste durch, die den Tagesbedarf der Station enthielt, und prüfte dann den Dienstplan.

»Aber Fräulein Barden! Wie können Sie solch einen Dienstplan aufstellen! Ihnen bleibt ja heute abend nur eine einzige Schwester, um das Abendbrot auszugeben.«

»Es ging leider nicht anders«, erwiderte Susy. »Schwester Allison bat mich, sie gerade zu dieser Zeit zu beurlauben, und ich dachte . . .«

»Was Schwester Allison wünscht, ist gänzlich gleichgültig, wenn es sich um den Dienst handelt. Richten Sie Ihren Dienstplan in Zukunft bitte besser ein, Fräulein Barden.«

»Gewiß, Fräulein Master.«

Susys Versuch, ihre Station zu einem Paradies für die Schwestern zu machen, war also kläglich gescheitert. Die Ansichten, die sie als junge Lernschwester gehabt hatte, änderten sich schnell und gründlich.

Aber es gab noch andere Probleme. Ein junger Hausarzt, der soeben erst sein theoretisches Studium beendet hatte und sich äußerst wichtig vorkam, brachte allerlei neue Ideen mit. Ihre Durchführung hätte die ganze Station durcheinandergebracht. Er hatte keine Ahnung von der Leitung einer Station und wußte noch nicht, daß der regelmäßige Tagesablauf um der Patienten willen niemals gestört werden durfte. So wollte er zum Beispiel das Erneuern der Verbände von neun Uhr auf elf Uhr verlegen, was bedeutet hätte, daß die Betten ein zweites Mal gemacht werden müßten. Er wünschte eine komplizierte Tabellenführung, die sehr viel Zeit in Anspruch nahm. Er verlangte nicht nur eine Verbandschwester, sondern außerdem noch Susy als Assistenz.

Susy machte den Fehler, seinen Plänen gar zu schroff entgegenzutreten; auf diese Weise kam es zu einem unerfreulichen Auftritt. Die Angelegenheit wurde dem Senior-Assistenzarzt und Fräulein Master unterbreitet. Sie machten dem jungen Arzt klar, daß die Krankenanstalt nicht seinetwegen gegründet worden sei und daß sich die gegenwärtig angewandten Methoden als praktisch erwiesen hätten. Der

Hausarzt war infolgedessen verärgert und enttäuscht und beklagte sich über die schlechte Zusammenarbeit mit Susy.

Susy lernte aus diesem Erlebnis, was Takt bedeutet, und eine Zeitlang ging alles gut.

Aber dann bekam sie eine neue Lernschwester, die Tafferau hieß. Sie war allzu jung und hatte noch gar kein Verantwortungsgefühl. Zwar verstand sie, die Männer durch ihr hübsches Aussehen und ihre lustigen Bemerkungen aufzuheitern, aber sonst taugte sie recht wenig. Die Betten machte sie flüchtig und unordentlich; sie ließ Krümel auf den Laken liegen, welche die Patienten nachts plagten, vergaß, was man ihr auftrug und drückte sich gern.

Susy gab sich große Mühe, nicht die Geduld zu verlieren. Schwester Tafferau war auch jedesmal ganz zerknirscht, wenn sie wegen eines Vergehens zur Rede gestellt wurde. Sie hätte es nicht böse gemeint... sie hätte gedacht... es täte ihr leid und so weiter.

Als Schwester Tafferau zum Zwischendienst herankam, machte Susy sich Sorgen. Sie hatte Bedenken, die Station von sieben bis elf Uhr diesem verantwortungslosen jungen Ding anzuvertrauen. Sie litt unter bösen Vorahnungen. Doch schien es ihr wiederum ungerecht zu sein, den anderen Schwestern einen Extrazwischendienst aufzubürden. Schwester Tafferau mußte lernen, sich zu bewähren.

Doch Schwester Tafferau trat ihren Dienst offenbar sehr gerne an. Susy war überrascht. Sie hatte nicht erwartet, daß die lebenslustige kleine Person die freien Abende einer ganzen Woche so bereitwillig hergeben würde.

Am dritten Abend von Schwester Tafferaus Zwischendienst fiel Susy gegen neun Uhr ein, daß sie ihr Lehrbuch über Psychologie auf der Station liegengelassen hatte. Sie beschloß, es zu holen, um vor dem Schlafengehen noch eine Stunde zu arbeiten. Rasch lief sie die Hintertreppe hinauf, weil das der nächste Weg war, und öffnete leise die Tür zum Krankensaal. Die meisten Patienten würden wohl noch nicht schlafen, aber um diese Zeit herrschte gewöhnlich schon Ruhe. Jedes Geräusch wirkte störend.

Der Saal war dunkel; nur über dem Pult am anderen Ende des Raumes brannte eine Lampe. Von Schwester Tafferau war nichts zu sehen. Wahrscheinlich befand sie sich in der Küche.

Susy schloß die Tür leise hinter sich, lehnte sich mit dem Rücken dagegen und musterte stolz ihren hübschen Krankensaal. Fast unbewußt fuhr sie mit dem Zeigefinger über ein Fensterbrett und fühlte, daß es staubig war. Sie mußte mehr auf die Reinemachefrau aufpassen. Plötzlich stutzte sie. Nanu, was war denn das?

Von dem dritten Bett auf der rechten Seite her kam ein Geräusch. Vielleicht war es auch nur eine Bewegung. Susy wußte es nicht genau, aber ihr Instinkt sagte ihr, daß dort irgend etwas nicht stimmte. Sie spähte angestrengt durch das dämmerige Licht. Versuchte der hübsche achtzehnjährige Eddie etwa, aus dem Bett zu steigen? Es sah fast so aus. Seine Hüfte lag in einem Gipsverband, und er durfte sich nicht bewegen. Sie wollte ihn sofort zur Rede stellen. Schon hatte sie einen Schritt auf das Bett zu getan, als sie plötzlich wie versteinert innehielt.

Schwester Tafferau saß dicht neben Eddies Bett auf einem Stuhl. Der Junge aber streckte sorglos seinen Arm aus, zog ihren Kopf zu sich herüber und küßte sie.

Susy war so erschrocken, daß sie zuerst überhaupt nichts denken konnte. Sie rührte sich nicht von der Stelle. Langsam formte sich ein Gedanke in ihrem Hirn. ›Geh hinaus! Tu jetzt nichts, sondern laß dir Zeit zum Überlegen. Geh hinaus!‹

Sie wandte sich um, verließ leise den Saal und schloß die Tür hinter sich.

Was sollte sie tun? Eddie war ein reizender Junge, leichtsinnig und lebenslustig. Schwester Tafferau war ein hübsches temperamentvolles Mädchen. Beide waren jung und töricht. Wenn Eddie kein Patient wäre – wenn die beiden sich nicht in einem Krankenhaus befänden – – Aber er war ein Patient, und sie befanden sich in einem Krankenhaus.

Susy fuhr mit der Hand über die heiße Stirn. Sie war

Stationsschwester. Wenn sie Notiz von dem Vorfall nahm, mußte sie offiziell davon Notiz nehmen und Schwester Tafferau bei der Schulleitung anzeigen. Dann würde man Schwester Tafferau wahrscheinlich von der Schule verweisen. Und Susy würde dafür verantwortlich sein. Man würde sie für eine Petze halten. Nachdem Susy die Schule zweieinhalb Jahre besucht hatte, wußte sie genau, wie man hier über Petzen dachte.

Sie konnte sich mit Leichtigkeit davonschleichen. Niemand brauchte zu wissen, was sie gesehen hatte. Aber dann würde Schwester Tafferau sich weiterhin solche Dinge leisten. Sie würde ihr Diplom bekommen, eine Stellung annehmen und die Krankenschwestern in einen schlechten Ruf bringen.

Als Stationsschwester trug Susy die Verantwortung für das Betragen der Schwestern, die ihr unterstellt waren. Durfte sie dies hier durchgehen lassen? Vielleicht hatte einer der anderen Patienten den Vorgang bemerkt. In welchen Ruf würde die Schwesternschule geraten, wenn er das Krankenhaus verließ und anderen Menschen davon berichtete? Was würde Eddie seinen Freunden von den Krankenschwestern erzählen? Nein, die Schule war wichtiger als eine einzelne Schwester. Während ihrer ganzen Schulzeit hatte Susy noch nie erlebt, daß eine Schwester andere als berufliche Beziehungen zu einem Patienten gehabt hatte. Vielleicht kamen solche Dinge in anderen Schwesternschulen vor, aber nicht in dieser, der besten Schule des Landes. Das war unausdenkbar; das durfte nicht geschehen. Und doch war es geschehen.

Aber – durfte Susy die Laufbahn des Mädchens zerstören? Ja, sie mußte es tun. Die Schulleitung würde sich durch die Verfehlung von Schwester Tafferau gezwungen sehen, sie von der Schule zu verweisen. Das wußte Susy. Und gerade deshalb durfte sie nicht schweigen.

›Aber ich will sie nicht hinter ihrem Rücken anzeigen‹, sagte sich Susy. ›Die Geschichte wird für Schwester Tafferau viele Unannehmlichkeiten bringen. Ich will mich nicht davor drücken, meinen Teil auf mich zu nehmen, und zuerst mit ihr reden.‹

Sie öffnete die Tür und ging in den Saal. Schwester Tafferau stand auf und kam ihr arglos entgegen. Susy zog sie auf den Flur hinaus und teilte ihr mit, was sie gesehen hatte. Das Mädchen erbleichte und versicherte trotzig: »Das ist nicht wahr!«

»Aber ich habe es doch gesehen!« entgegnete Susy ruhig.

»Sie lügen! Sie haben sich heraufgeschlichen, um mir nachzuspionieren. Sie hatten schon immer etwas gegen mich, und nun wollen Sie, daß man mich aus der Schule wirft.«

»Es tut mir leid, Sie anzeigen zu müssen, aber es geht nicht anders. Begreifen Sie das denn nicht? Ihr Verhalten schadet dem guten Ruf der Krankenschwestern, vor allem aber dem guten Ruf der Schule.«

»Die Schule! Immer die Schule! Ich kann das nicht mehr hören. Auf Schritt und Tritt wird man hier bespitzelt!«

»Es tut mir leid«, wiederholte Susy. Sie wandte sich um und ging langsam die Treppe hinunter.

»Nun sind Sie wohl zufrieden!« rief Schwester Tafferau ihr nach.

Es war eine sehr peinliche Geschichte. Die Nachtinspektorin ließ Schwester Tafferau sofort ins Büro kommen. Das Mädchen weinte und leugnete. Die Nachtinspektorin stellte sich auf Susys Seite. Susy wünschte fast, sie hätte es nicht getan.

»Wir haben noch niemals Veranlassung gehabt, an der Wahrheit von Fräulein Bardens Angaben zu zweifeln, Schwester Tafferau. Sie hat sich auch niemals gehässig gezeigt. Wir beobachteten Sie bereits seit langem. Ihre Arbeit ist keineswegs befriedigend. Das Vorkommnis ist sehr bedauerlich – sowohl um Ihretwillen als auch um der Schule willen. Fräulein Matthes wird außer sich sein.«

Fräulein Matthes wurde benachrichtigt und kam sofort ins Büro. Während sie dem Bericht der Inspektorin zuhörte, nahm ihr Gesicht einen Ausdruck an, der Susy viel mehr erschreckte als Schwester Tafferau. Schließlich wandte sie sich dem Mädchen zu. Ihre Augen sahen wie Stahlknöpfe aus. Sie sprach langsam und deutlich.

»Sie sind noch sehr jung, Fräulein Tafferau, und wenn dies Ihr erstes Vergehen wäre, würde ich Ihnen noch eine Chance geben. Sie haben aber Ihre Arbeit nie mit der nötigen Sorgfalt getan. Sie waren stets träge, interesselos und verantwortungslos. Ich habe Sie schon einmal deswegen zur Rede gestellt, aber ohne jeden Erfolg.« Sie machte eine Pause. Ihr freundliches Gesicht sah plötzlich sehr alt aus.

»Sie sind vom Dienst befreit, Schwester Tafferau. Ich erwarte, daß Sie das Krankenhaus bis morgen früh um neun Uhr verlassen haben. Ich werde an Ihre Eltern schreiben. Ergreifen Sie lieber einen anderen Beruf. Zur Krankenschwester eignen Sie sich nicht.«

»Ich werde sofort gehen!« entgegnete das Mädchen patzig. »Und ich gehe gern.«

»Das genügt. Verlassen Sie uns jetzt.«

Das Mädchen lief aus dem Zimmer.

»Fräulein Barden«, sagte Fräulein Matthes sanft. »Das war eine sehr unangenehme Aufgabe für Sie. Ich möchte Ihnen nur sagen, daß ich das wohl weiß.«

Susy verbrachte eine schlaflose Nacht. Am nächsten Morgen machte sie sich darauf gefaßt, von der ganzen Schule verachtet zu werden, weil sie gepetzt hatte. Zu ihrem großen Erstaunen schien jedoch niemand etwas von der Sache zu wissen.

Weder Susy noch die Schule sahen Fräulein Tafferau wieder. Erst nach einer Woche drang die Nachricht durch, daß sie abgegangen war – wegen Krankheit zu Hause, hieß es. Schließlich konnte Susy es nicht länger aushalten und erzählte Kit und Connie die ganze Geschichte. Sie hörten mit großen Augen zu.

»Du hast vollkommen richtig gehandelt«, sagte Kit, als Susy mit ihrem Bericht zu Ende war. »Das ist kein Petzen. Es bedeutet schon etwas, sein Diplom von dieser Schule zu erhalten. Das war auch der Grund, warum ich gerade hierher kam. Aber es würde nicht lange so bleiben, wenn solche Mädchen hier ungestraft ihr Unwesen treiben dürften.«

»Aber die arme Tafferau!« erwiderte Susy. »Sie ist doch nur ein kleiner Dummkopf.«

»Dann laß den Dummkopf woanders hingehen.«

»Mach dir um die Tafferau keine Sorge«, sagte Connie. »Die kommt schon zurecht.«

»Wahrscheinlich«, gab Susy zu. »Dennoch wird sie mich noch eine Zeitlang im Schlaf verfolgen. Ich werde nachts aufwachen, Alpträume haben und schreien. Stationsschwester zu sein, ist eigentlich nicht mein Ideal.«

Zukunftspläne

Susy meldete sich am Telefon. Fräulein Mason sagte: »Fräulein Matthes möchte Sie gern sprechen. Gehen Sie bitte zu ihr, wenn Sie von der Station abkommen können.«

»Ja, Fräulein Mason, ich gehe sofort hinunter.«

Susy stand auf und suchte die Seniorin der Station. »Fräulein Allison«, sagte sie mit möglichst gleichgültiger und, wie sie hoffte, keineswegs nervös klingender Stimme, »ich verlasse die Station für kurze Zeit.« Es gehörte zu den Vorrechten der Stationsschwester, daß sie niemand Auskunft zu geben brauchte, wohin sie ging – wenigstens nicht den Lernschwestern.

»Ja, Fräulein Barden.«

Susy lief die Treppe hinunter. Ihre Knie waren nicht so weich, wie sie es vor einem Jahr bei einer solchen Gelegenheit gewesen wären, aber doch noch weich genug. Was wollte Fräulein Matthes von ihr? Hatte die Schulleitung etwa erfahren, daß sie und Kit neulich spät abends an der Pförtnerin vorbeigeschlichen waren, ohne sich ins Passierbuch einzutragen? Aber nein, dann hätte Fräulein Mason sie zur Rede gestellt.

Oder war es wegen ihres Zimmers? Susy hatte es heute morgen ziemlich unordentlich verlassen. Das aber war Sache der Inspektorinnen. Fräulein Matthes hatte keine Zeit, sich um solche Kleinigkeiten zu kümmern. Falls es sich um eine Angelegenheit der Station handelte, hätte zuerst Fräulein Master mit ihr gesprochen. Und Bill konnte es auch nicht betreffen, weil es über Bill nichts zu sagen gab. Er war nun fast schon sechs Monate vom Krankenhaus fort.

Susy fühlte nach ihrer Haube. Sie saß gerade, soweit sie es beurteilen konnte. Ihre Schürze war fleckenlos, ihre Manschetten waren schneeweiß. An ihrem Kleid fehlte kein Knopf.

Die frische Luft in der großen Halle kühlte Susys erhitzte Wangen. Aber dort drüben war die gefürchtete Tür und erschien ihr mit jedem Schritt bedrohlicher. Susy hatte ein unbehagliches Gefühl in der Magengegend.

›Reiß dich zusammen, Susanne Barden!‹ befahl sie sich selbst. ›Du bist Seniorin und bekommst noch in diesem Monat dein Diplom. Benimm dich nicht wie ein Fetzen nasser Seetang!‹

Susy blieb an der Schwelle des Zimmers stehen. Die Schulleiterin saß an ihrem Schreibtisch. Der Umriß ihrer imponierenden Gestalt in der weißen Tracht hob sich scharf gegen das Fenster ab. Susy bemerkte mit Bedauern weiße Strähnen in dem braunen Haar.

›Ob wir daran schuld sind?‹ fragte sie sich. Zum erstenmal wurde ihr klar, daß das Leben der Leiterin einer Schwesternschule in einem großen Krankenhaus trotz aller Macht, die sie besaß, durchaus nicht so leicht und angenehm war, wie man gewöhnlich glaubte.

Susy klopfte an den Türrahmen. Fräulein Matthes hob den Kopf. Über ihr Gesicht huschte ein warmes Lächeln. »Kommen Sie herein, Fräulein Barden, und setzen Sie sich.«

Susy nahm ängstlich auf dem angebotenen Stuhl Platz.

Sie hätte sich nicht gewundert, wenn er plötzlich unter ihr explodiert wäre.

Fräulein Matthes lehnte sich in ihrem Sessel zurück und blickte nachdenklich in das junge gerötete Gesicht vor ihr. Vielleicht sah sie gar nicht Susanne Barden darin, sondern tausend junge Mädchen, die jetzt über die ganze weite Welt verstreut waren.

»Fräulein Barden«, sagte sie schließlich, »sind Sie sich schon darüber klar, was Sie beginnen wollen, wenn Sie Ihr Diplom haben?«

Das war es also! Susy atmete wieder etwas freier.

»Nein, ich weiß es noch nicht, Fräulein Matthes.«

»Würden Sie gern auf Ihrem gegenwärtigen Posten bleiben?«

Susys Herz schlug höher. Man wollte sie behalten! Sie war also eine gute Stationsschwester. Wie wunderbar! Aber es hatte keinen Zweck. Sie wünschte sich keine Verwaltungstätigkeit. Sie wollte mit Patienten zu tun haben, mit möglichst vielen Patienten. Nach kurzem Überlegen antwortete sie:

»Nein, Fräulein Matthes, vielen Dank. Ich – ich glaube nicht, daß mir die Verwaltungsarbeit liegt. Ich gehe lieber mit Patienten um.«

Fräulein Matthes lächelte. »Ich weiß, Fräulein Barden. Es freut mich, daß Sie das selber erkannt haben. Ich habe ein Tätigkeitsfeld für Sie im Auge, für das Sie sich besonders eignen.«

Susy sah sie fragend an. Meinte sie etwa Privatpflege?

»Ich meine Volksgesundheitspflege – als Bezirksschwester, Fräulein Barden. Das ist einer der wichtigsten Zweige der Krankenpflege. Die Organisation steckt noch in den Kinderschuhen. Ich glaube, daß Ihnen diese Arbeit ganz besonders liegen würde und möchte Ihnen raten, einen Sonderkursus mitzumachen – vielleicht in der Henry-Street-Stiftung in New York oder anderswo, wenn Ihnen das lieber ist.«

Susys Gedanken jagten sich. Volksgesundheitspflege!

Daß sie nicht selber darauf gekommen war! In den Armenvierteln der Städte könnte sie eine Arbeit verrichten, die sie ausfüllte. Sie würde eine Unmenge von Schützlingen haben, die sie mehr als alle anderen Menschen auf der Welt brauchten. Man mußte sie lehren, auf ihre Gesundheit und die ihrer Kinder zu achten, und Susy lehrte gern. Die Lebensbedingungen der armen Leute waren entsetzlich schlecht. Eine Krankenschwester konnte manches tun, um sie zu verbessern.

Fräulein Matthes beobachtete lächelnd Susys Gesicht. »Ich wußte, wie Sie darüber denken würden«, sagte sie ruhig.

Susy blickte auf. »Es ist gerade das Richtige für mich. Ich würde solche Art Arbeit sehr, sehr gern übernehmen.«

Sie verabschiedete sich, schwindlig vor freudiger Erregung. Als sie an der Tür war, rief Fräulein Matthes sie noch einmal zurück.

»Übrigens – Fräulein Barden –, wenn Sie abends spät nach Haus kommen, vergessen Sie doch bitte nicht, sich ins Passierbuch einzutragen. Die Pförtnerin ist nicht mehr so flink wie früher.«

»Ja, Fräulein Matthes.«

Grinsend durchquerte Susy die große Halle. Wenn ein Mensch Augen hatte, die um die Ecke sehen konnten, dann war es Fräulein Matthes. Woher wußte sie das nun wieder? Aber sie wußte einfach alles. New York! Susy war noch nie in New York gewesen. Nun würde sie dort arbeiten. Es war wundervoll.

Bei längerem Nachdenken fand Susy allerdings ein Haar in der Suppe – Kit und Connie. ›Aber das waren ja zwei Haare‹, dachte sie und lachte laut auf, so daß eine vorübergehende Probeschwester sie ganz erschrocken anstarrte. Die drei Freundinnen waren so lange Zeit glücklich zusammen gewesen. Nun war es damit zu Ende. Connie heiratete Phil, und Kit würde sich gewiß nicht für Volksgesundheitspflege interessieren, sondern lieber in einer Anstalt arbeiten. Sie war jetzt bereits Stationsschwester in der Operationsabteilung und würde entweder dort bleiben oder in ein anderes Krankenhaus gehen.

Noch am selben Abend erzählte Susy den beiden von ihrem Zukunftsplan. Alle drei trafen sich nach dem Essen in dem Wohnzimmer von Haus Grafton und machten es sich auf der breiten Couch bequem. Anfangs war es noch sehr still im Haus. Man hörte nur hin und wieder ein Knacken des Fahrstuhls oder die Schritte eines einzelnen Menschen in der Ferne. Aber plötzlich entstand eine große Bewegung. Eilige Schritte liefen durch den Korridor. Stimmengewirr und Gelächter hallten durch die Gänge. Gestärkte Schürzen raschelten auf der Treppe, und der Fahrstuhl ächzte mit einer Ladung schwatzender Mädchen nach oben. Die Tagesschwestern kamen vom Dienst.

Susy horchte mit einem kleinen Lächeln auf die vertrauten Laute. Wie lebendig das Haus war!

»Und dann sagte sie, ich solle zur Henry-Street-Stiftung gehen«, schloß sie ihren Bericht.

Kit lehnte sich in die Kissen zurück, die Haube schief auf einem Ohr. »Eine blendende Idee!« sagte sie. »New York muß herrlich sein. Und die Arbeit ist wie für dich geschaffen. Sie wird dir einen Heidenspaß machen, Susy.«

»Ich weiß. Nur . . .«

»Mädels! Mädels!« Hilda Grayson wogte atemlos vor Aufregung durch die Doppeltür. »Denkt doch bloß! Fräulein Matthes hat mir eine Stellung als Stationsschwester in der Kinderabteilung des Ambulatoriums angeboten. Ist das nicht herrlich?«

Sie wurde mit Glückwünschen überschüttet.

»Bleibt eine von Ihnen hier?« fragte Hilda, nachdem sich ihre Begeisterung ein wenig gelegt hatte. »Connie heiratet. Aber wie ist es mit . . .«

»Ich gehe zur Henry-Street-Stiftung nach New York«, sagte Susy.

»Henry Street! Oh!« Hilda starrte sie entsetzt an. »Dort würde ich vor Angst umkommen.«

»Setzen Sie sich bitte, Hilda«, sagte Kit trocken. »Kommen Sie meinethalben um, aber nicht auf meinen Füßen.«

Hilda gehorchte automatisch.

»Warum haben Sie denn Angst vor Henry Street?« fragte Susy.

»Nun – weil... Na ja, in den Slums von New York wimmelt es doch von Gangstern und Chinesen und Mördern und was weiß ich noch. Wenn ein Mörder auf mich zukäme und sagte ›Folgen Sie mir!‹ – ich würde...«

Die Mädchen lachten schallend.

»Hilda!« rief Susy, nach Atem ringend. »Wo haben Sie bloß diese Schauergeschichten her?«

»Aber – es ist wirklich sehr gefährlich in den Slums.«

»Nicht für eine Krankenschwester«, antwortete Kit ruhig.

»Ich sage Ihnen, es passieren dort furchtbare Dinge. Und Sie werden dort wohnen müssen. Nein, ich könnte niemals...«

»Aber ich!« sagte Kit plötzlich, ohne Susy anzusehen.

»Was, Sie gehen auch dorthin? Dann bleibt ja niemand mehr von den Alten hier.«

»Ich werde gehen, wenn man mich haben will – und falls Susy mich mitnimmt.«

Susy sprang mit beiden Beinen zugleich von der Couch. »Kitty! Ist das dein Ernst? Ich dachte, du wolltest... Willst du wirklich mit mir gehen? Ach, Kit, wie herrlich!«

Kit, der Gefühlsausbrüche peinlich waren, errötete ein wenig. »Jede Krankenschwester sollte etwas von Volksgesundheitspflege wissen«, antwortete sie. »Außerdem muß dich doch jemand vor Hildas Mördern beschützen, vor den Gangstern, Chinesen und anderen gefährlichen Subjekten. Ich werde darauf achten, daß du niemals ohne eine Kanone und eine Axt ausgehst. Ich werde das Maschinengewehr tragen. Und Connie kann...« Sie stockte.

Alle sahen zu Connie hin, welche die ganze Zeit über still auf der Couch gesessen hatte, ohne einen Ton zu sagen, und mit verdächtig glänzenden Augen von Kit zu

Susy geblickt hatte. Connie würde nicht dabei sein. Connie wollte heiraten.

Es entstand ein bedrücktes Schweigen.

»Was machen Sie denn hier?« fragte Luise Wilmont, während sie ins Zimmer trat. »Spielen Sie Quäkerversammlung?«

»Willi, Sie werden witzig!« sagte Susy. »Was ist passiert? Sie sehen aus, als hätte man Sie mit Windbeuteln vollgestopft.«

»Ich habe einen Job«, verkündete Willi stolz.

»Es heißt Stellung, Willi,« verbesserte Kit sie grinsend.

»Wo?« rief Susy.

Willi blickte triumphierend auf die Mädchen hinunter. »Ich werde zweite Nachtinspektorin hier im Krankenhaus«, verkündete sie hoheitsvoll.

»Willi, wie wundervoll!« rief Connie, die ihre Sprache endlich wiedergefunden hatte.

»Sie werden das Nachtleben des Krankenhauses vollkommen umkrempeln«, sagte Kit.

»Müssen wir aufstehen, wenn Sie ins Zimmer kommen?« fragte Hilda ehrfurchtsvoll.

Susy fiel auf die Knie, und die anderen folgten ihrem Beispiel. Schließlich knieten alle vier zu Willis Füßen, die vor Glück errötete, lachte und sie Idioten nannte. In diesem Augenblick war sie, wie Susy später bemerkte, ›zum erstenmal und wahrscheinlich auch zum letztenmal in ihrem Leben wirklich menschlich‹.

Es gab noch mehr Neuigkeiten. Helen Hanscom sollte Lehrerin in praktischer Krankenpflege an einer neuen kleinen Schwesternschule werden. Elfe Holton wurde Assistentin bei einem Zahnarzt. Franziska Manson wollte mit einer Expedition nach Labrador reisen.

»Da gehört sie auch hin«, sagte Kit grinsend. »Sie muß in einem kalten Land leben, das entspricht ihrer Natur.«

»Mädels!« sagte Willi, von ihrer neuen Ehrenstellung

hingerissen. »Wißt ihr auch, daß wir in einer Woche unsere Diplome bekommen?«

»Ich ahnte so etwas«, antwortete Kit. »Sie müßten uns bei der Feier voranmarschieren, Willi. Wie sollen die Leute sonst wissen, daß Sie schon Inspektorin sind?«

»Es wird mir sehr sonderbar vorkommen, nicht mehr hierher zu gehören«, sagte Connie plötzlich. »Diese Korridore nicht mehr zu sehen, nicht mehr . . .«

»Mach mich nicht weich!« unterbrach Kit sie hastig. »Wer hat Appetit auf Eiskrem?«

Alle hatten Appetit auf Eiskrem. Kit erbot sich in einem Anfall von Großmut, fortzugehen und Eis zu holen. In dem allgemeinen Aufbruch wurden die Gedanken an den Abschied vom Krankenhaus beiseite geschoben.

Bevor Susy an diesem Abend ins Bett ging, zog sie die oberste Schublade ihrer Kommode auf und nahm eine Visitenkarte aus ihrem Handschuhkasten, um die ein breites schwarzes Samtband gewickelt war. ›Nach drei Jahren zu tragen. Herzliche Glückwünsche E. M. Waring‹ stand darauf geschrieben.

Susys Kehle schnürte sich zusammen. Was für Angst hatte sie als Probeschwester ausgestanden! Als sie dann mit ihrer neuen Haube in ihr Zimmer gekommen war, hatte sie die Karte mit dem Band vorgefunden. War das wirklich erst vor zweieinhalb Jahren gewesen? Es schien ihr viel länger her zu sein. Wieviel hatte sich in der Zwischenzeit ereignet! In einigen Tagen würde sie das schwarze Band auf ihrer Haube befestigen. Sie würde es dann wieder abnehmen müssen, aber nur für kurze Zeit. Und dann – Henry Street mit Kit!

Alles war wunderbar – obwohl Bill – – Ihre Gedanken stockten. Für einen Augenblick kehrte der alte peinigende Schmerz in ihre Brust zurück. Aber jetzt hatte sie schon ein wenig Erfahrung. Der Schmerz ging und verschwand, und man lebte weiter wie vorher. Er war immer da, unter der Oberfläche, aber er schreckte sie nicht mehr.

Das Diplom

Die Feier anläßlich der Diplomverleihung fand abends um halb neun statt.

Susy machte sich schon früh zurecht. Sie zog ein frisch gewaschenes graues Kleid mit langen Ärmeln an. Darüber kam eine fleckenlose weiße Schürze. Der Kragen und die Manschetten glänzten und waren steif vor Stärke. Die neue Haube mit dem schwarzen Band über der winzigen Krause lag auf der Kommode. Susy betrachtete sie liebevoll.

Dann setzte sie die Haube auf und starrte ungläubig auf ihr Bild im Spiegel. Sie sah nicht die schlanke Gestalt in der frischen grauweißen Tracht, sie sah nur den schwarzen samtenen Bogen über dem rotgolden schimmernden Haar. Sie hatte ihn durch jahrelange schwere Arbeit und unaufhörliche Anstrengung erworben. Ein Diplom war ein Stück Papier mit Worten darauf. Man legte es in eine Schublade und holte es nur hervor, wenn jemand danach fragte. Aber das stolze schwarze Band auf der Haube konnte jedermann sehen.

Nur zögernd trennte Susy sich von dem Anblick. Endlich verließ sie das Zimmer und ging langsam den Korridor hinunter.

Pa und Mutter würden mit dem Abendzug kommen. Ted konnte mitten in der Woche nicht von der Schule fort, wie die Mutter geschrieben hatte. Susy hatte keine Zeit, ihre Eltern von der Bahn abzuholen, denn der Zug traf erst kurz vor Beginn der Feier ein, und dann mußte sie schon bei ihrer Klasse sein. Mutter würde stolz und glücklich sein, weil sie Susy liebte. Pa würde natürlich auch stolz sein, weil er sie liebte. Aber als Arzt verstand er noch besser, was der heutige Tag für sie bedeutete.

Susy verschmähte den Fahrstuhl und eilte an offenen Türen vorüber, denn sie hatte keine Lust, mit jemand zu sprechen. Sie wollte eine Weile allein sein, um innerlich ruhig zu werden.

Nach kurzem Zögern ging sie die Stufen hinunter, die ins Kellergeschoß führten. Auf dem ersten Treppenabsatz stand ein Eiswasserbehälter. Da sie eine Trockenheit im Munde spürte, blieb sie stehen und füllte einen Papierbecher. Während sie langsam trank, erschien die Pförtnerin oben an der Treppe. »Schau an, Fräulein Barden mit dem schwarzen Band!« rief sie. Als die Türglocke läutete, verschwand sie wieder.

Susy warf den Papierbecher in den Korb und lief mit leichten Schritten die letzten Stufen hinab. Sie hörte nicht mehr, daß die Pförtnerin ihr etwas nachrief. Es war ihre Absicht, ein wenig in dem warmen erleuchteten Kellergeschoß umherzuwandern und zu fühlen, wie das Krankenhaus – ihr Krankenhaus – über ihr lebte. Hier unten würde sie niemand stören.

Hinter ihr wurden Schritte laut, aber sie war so vertieft in ihre Gedanken, daß sie nichts hörte.

Hier befand sich der Eingang zur Orthopädischen Abteilung. Sie hatte gern dort gearbeitet, trotz schmerzender Rückenmuskeln und müder Füße. Lächelnd erinnerte sie sich an Frau Ricci und ihr Wunder, an die drollige kleine Sophie Wenesky, die immer allerlei Dummheiten im Kopf hatte.

Jetzt mußte sie wohl unter der Röntgenabteilung sein. Ihre allererste Aufgabe im Krankenhaus war es gewesen, einen Patienten zur Röntgenabteilung zu begleiten.

Dieses gedämpfte Trampeln über ihrem Kopf kam wahrscheinlich aus dem breiten Ziegelkorridor. Sie liebte den breiten hohen Gang mit den warmen roten Wänden, in dem es immer scharf nach Seifenlauge roch. Von dort aus hatte sie am Weihnachtsabend vor zwei Jahren Fräulein Cameron beobachtet, die draußen im wirbelnden Schnee gestanden und den Weihnachtssängern gelauscht hatte. Damals war es Susy klargeworden, was die strenge und wunderbare Frau für das Krankenhaus bedeutete.

Susy sah sich um. Ihr war, als hätte sie ein Geräusch hinter sich gehört. Aber es war niemand zu sehen.

Langsam ging sie zwischen den knackenden Dampfrohren dahin und bemerkte kaum, wohin ihre Füße sie trugen. An einer beleuchteten Türöffnung blieb sie stehen und spähte hindurch. Ein Haufen Wäschesäcke wartete darauf, von Toni, dem griechischen Wäscher, abgeholt zu werden.

Hier hatte sie sich an ihrem ersten Tag im Krankenhaus verirrt. Wie Toni sie damals erschreckt hatte! Schließlich war Bill gekommen und hatte ihr den Ausgang gezeigt. Das mußte hier an dieser Stelle gewesen sein. Sie saß – –

»Susanne!« sagte eine Männerstimme hinter ihr.

Susy wirbelte herum. Die Farbe wich aus ihrem Gesicht. Er kam direkt auf sie zu. Wie im Traum sah sie die große Gestalt, den Kopf mit den dunklen Haaren. Ihr war, als hätte sich eine Falltür unter ihren Füßen geöffnet.

»Bill!« stieß sie hervor. Sie versuchte zu lächeln, versuchte froh und unbekümmert zu erscheinen, das lustige kleine Mädchen zu sein, das er kannte. »Wo – kommst du her?« fragte sie verwirrt.

Er nahm ihre rechte Hand und hielt sie mit beiden Händen fest. »Ich komme aus New Hampshire.« Es waren dieselben Worte, die Susy vor drei Jahren an demselben Platz zu ihm gesagt hatte.

Sie lachten ein wenig verlegen, als sie sich daran erinnerten. Susy klammerte sich mit ihrer freien Hand haltsuchend an ein warmes Rohr, um das Zittern ihrer Knie nicht merken zu lassen.

»Ich hoffe, du hast nicht den ganzen Weg von New Hampshire hierher gemacht, um Abendbrot zu essen«, antwortete sie.

»Nein, das kam noch nicht«, widersprach er mit einem kleinen Lachen. »Du fragtest mich zuerst, wie spät es sei.«

»Ach ja!« Susy lehnte sich gegen das Rohr. »Was machst du eigentlich hier, Bill?«

Er hielt noch immer ihre Hand fest. »Ich bin zu deiner Feier gekommen. Freust du dich, mich wiederzusehen?«

Er war zu ihrer Diplomfeier gekommen! Nicht, um Elenor Gerard zu besuchen.

»Freust du dich, mich wiederzusehen?« fragte er noch einmal.

»Keine Macht der Welt wäre imstande, ein solches Geständnis aus mir herauszupressen«, antwortete sie. »Es wäre unschicklich.« Sie konnte den Blick nicht von seinem Gesicht wenden. Eine Welle der Zärtlichkeit überflutete sie. Er sah es an ihren Augen. Aufatmend hob er ihre Hand hoch und drückte sie gegen seine Wange.

»Sehr artig und gesittet, Fräulein Barden – Susanne, wenn ich Sie so nennen darf.« Er stockte. Dann fragte er mit erzwungener Leichtigkeit: »Darf ich Sie noch einmal bitten, meine Frau zu werden?«

Susy wurde ein wenig schwindlig. »Ich fürchte, Sie haben mein Geheimnis entdeckt, Dr. Barry. Ach, Bill, ich liebe dich ja so sehr! Und ich habe dich schrecklich vermißt. Es war – entsetzlich.«

»Du willst mich also heiraten?«

»Ja.«

Er umschlang sie und küßte sie auf den Mund.

Endlich machte Susy sich los. Schweigend sah sie ihn an. Er hob die Hand und berührte das schwarze Band auf ihrer Haube.

Sie lachte ein wenig nervös. »Bill«, sagte sie schließlich. »Glaube nicht, daß ich vor Eifersucht schäume oder dieses Rohr hier abbrechen und dir damit über den Kopf schlagen will – aber ich muß es wissen. Was ist mit Elenor Gerard?«

»Elenor Gerard?« Er starrte sie erstaunt an.

Sie erzählte ihm, was sie von Franziska erfahren hatte. Sein Gesicht hellte sich auf. »Ach so! Ich war mit Bekannten im Theater und traf Elenor Gerard in der Vorhalle. Wir sprachen ein paar Worte miteinander. Sie hakte mich unter, während wir hinausgingen.« Er grinste jungenhaft. »Ich glaube nicht, daß ich mich dadurch strafbar gemacht habe.«

Susy hatte mit offenem Mund zugehört. »Aber du hast mir nicht geschrieben«, sagte sie leise.

»Ich wollte dich nicht quälen. Ich dachte, wenn du eine Zeitlang nichts von mir hörtest ... Er ist in der Ferne – sie hat keine Nachricht – Trennung macht die Liebe größer – und all das . . .«

»Oh, Bill, du Idiot!«

»Dann ist alles in Ordnung?«

»Ja, es ist vorüber.« Sie atmete tief und befreit. »Wir wollen nicht mehr daran zurückdenken. Aber jetzt könntest du mir endlich verraten, was du in der Zwischenzeit getan hast.« Sie stützte ihre verschränkten Arme auf das staubige Rohr und legte ihr gerötetes Gesicht darauf. »Wenn ich dich auch liebe, so habe ich doch nicht das zweite Gesicht.«

»Ich will Landarzt werden«, antwortete er. »Was sagst du dazu? In Springdale wurde eine Stelle frei. Der einzige Arzt dort – ein Studienfreund meines Vaters – ist schon alt. Vater schrieb es mir, und so ging ich hin. Ich wußte nicht, wie sich die Sache anlassen würde. Ja, ich wußte nicht einmal, ob es dich interessieren würde. Daher . . .«

»Ich glaube, ich werde doch dieses Rohr abbrechen und dich damit erschlagen«, sagte Susy zärtlich. »Bill, wie konntest du nur glauben, daß mich deine Pläne nicht interessierten? Wir – waren doch immer Freunde und . . . Oh, Bill, ich bin sehr froh, daß du Landarzt werden willst. Das ist einfach wundervoll!«

»Freust du dich wirklich? Ach, das ist gut!« Wieder umschlang er sie.

Als sie zur Treppe zurückgingen, sagte Bill: »Da ich nun dein Jawort habe – darf ich dich fragen, wann wir heiraten können?«

Susy blieb mit einem Ruck stehen.

»Bill, ich muß dir etwas sagen. Bitte, versuche mich zu verstehen und sei nicht gekränkt. Ich – liebe dich – unendlich. Aber ich möchte – bitte – noch nicht heiraten. Ich habe doch noch gar nichts geleistet. Ich hatte mir immer gewünscht, Krankenschwester zu werden, und habe so lange dafür gearbeitet. Auch als deine Frau kann ich natürlich weiter meinen Beruf ausüben, wenn ich will – aber nicht auf eigenen Füßen stehen. Und das ist mir sehr wichtig. Ich will nach New York zur Henry-Street-Stiftung gehen. Ich will – zuerst wenigstens – selbständig arbeiten. Ich möchte nicht einmal, daß jemand etwas von unserer Verlobung erfährt – noch nicht. Ist das – zuviel verlangt?«

Schweigend und nachdenklich blickte er in ihr junges Gesicht. Dann straffte er sich.

»Du wärest nicht Susanne Barden, wenn du nicht unabhängig zu sein wünschtest. Gerade das liebe ich an dir.« Er atmete tief. »Tu, was du willst. Wenn du bereit bist, laß es mich wissen. Dein Vater sagte . . .«

»Pa?«

»Ja. Ich besuchte im Sommer deine Familie. Ich sagte deinem Vater, daß ich dich liebe. Ich glaube, er mag mich gern. Aber er meinte, ich müsse – dich deinen eigenen Weg finden lassen.«

»Liebster Bill! Ich will dich nicht zu lange warten lassen.« Susy zog seinen Kopf zu sich herunter und küßte ihn. Es war ein Siegel und ein Versprechen. – –

Der breite Ziegelkorridor hallte von den Stimmen einer großen Mädchenschar wider. Zweiundsiebzig Schwestern stellten sich in zwei Reihen hintereinander auf – zwei Reihen weißer Hauben mit schwarzen Bändern darauf. Da war Willi, steif und selbstsicher, Hilda mit großen runden Augen und außer Atem, Elfe Holton mit der schrillen Stimme, Kit, Connie, Franziska.

Susy eilte an der Reihe entlang. Was würden die Mädchen sagen, wenn sie von Bill wüßten? Aber sie würden es nicht erfahren. Es sollte vorläufig ein Geheimnis zwischen ihr und Bill bleiben. Pa und Mutter würde sie es natürlich erzählen, aber sonst niemand – nicht einmal Kit und Connie. Später würde sie es auch ihren beiden Freundinnen verraten, aber jetzt noch nicht.

»Hierher, Fräulein Barden!« rief Fräulein Mason. Susy trat in die Reihe der grauweißen Trachten.

Die beiden Reihen befanden sich in dauernder Bewegung. Die Schwestern drehten die Köpfe hin und her und warfen einander Bemerkungen zu. Ihre Worte waren schnippisch, ihre Stimmen aber klangen unsicher. Sie betrachteten den breiten Ziegelkorridor bereits mit heimwehkranken Augen und nannten ihn dennoch abfällig ›diese Höhle‹. Sie berührten andächtig die Bänder auf ihren Hauben und behaupteten gleichzeitig, daß es überhaupt nichts zu sagen hätte, sie an einem einzigen Abend tragen zu dürfen. Man solle deswegen doch nicht solch überflüssiges Tamtam machen. Sie schluckten vor Rührung und sagten, daß sie froh wären, endlich von hier fortzukommen. Wenn es nur erst soweit wäre!

Allmählich fanden sich auch die übrigen Schwestern der Schule ein und stellten sich hinter der Doppelreihe auf, zuerst die, die im zweiten Jahr ihrer Ausbildung standen, dann die neugebackenen Lernschwestern und dahinter die Probeschwestern in ihrer blauen Tracht. Ein Hausarzt, der ängstlich durch den Korridor hastete, wurde von dem rhythmischen Trampeln mehrerer hundert Füße in die Flucht getrieben. Schließlich hob Fräulein Mason die Hand und gebot Stille. Das Stimmengewirr ebbte zu einem Gemurmel ab. Es war kurz vor halb neun.

Plötzlich wandten sich alle haubenbedeckten Köpfe wie auf Kommando um, und es wurde totenstill. Durch die Tür am Ende des Korridors kam mit vertrautem, beschwingtem Schritt eine straffe weiße Gestalt. Fräulein Cameron fegte an der vordersten Reihe entlang. Ihre Augen schweiften kritisch über die versammelten Mädchen, aber ihr strenger Mund verzog sich zu einem leisen Lächeln.

Ein Beifallssturm setzte ein. Er schwoll immer mehr an, während sie weiterging, bis der breite Korridor von dem heftigen Füßegetrampel zu beben schien. Es war die spontane Ehrung der ganzen Schule für eine große Frau, eine große Lehrerin, eine große Krankenschwester.

Susy bemerkte einen feuchten Schimmer in Fräulein Camerons Augen, als diese mit schwingenden Schritten in die große Halle trat.

Die Linien begannen sich aufzulösen. Langsam schoben sich die Schwestern durch den alten vertrauten Korridor, über den ausgetretenen Fußboden in die große Halle. Dort empfing sie strahlende Helle. Die Stuhlreihen auf einer Hälfte des Saales waren dicht besetzt. Unzählige Gesichter wandten sich den Eintretenden zu. Die Schülerinnen, die ihr Diplom erhalten sollten, setzten sich vorne hin. Dahinter nahmen die anderen Schwestern Platz.

Susy blickte suchend über die Reihen der fremden Gesichter, bevor sie sich setzte. Dort waren sie! Pa und Mutter – und neben ihnen Bill. Drei Paar Augen blickten strahlend zu Susy hin, zu der schlanken Gestalt in der grauen Tracht mit dem hübschen, vor Freude geröteten Gesicht. Die Mutter sah nur ihr liebes kleines Mädchen, aber der Vater und Bill bemerkten auch das schwarze Band auf den roten Haaren – das schwarze Band der Leistung.

Als alle saßen, trat Fräulein Matthes vor die Versammlung und hielt eine kurze Ansprache.

Susy hörte nur halb hin. Alle Diplomfeiern glichen sich. Sie waren für Väter, Mütter und Freunde bestimmt. Nun nahm eine Gastrednerin den Platz von Fräulein Matthes ein. Sie gebrauchte die üblichen Redensarten. »Hinaus ins Leben – edler Beruf – wenn ich diese jungen Gesichter sehe – die Menschheit wird immer ...« und so weiter und so fort.

Dann erklang Musik.

Susy hörte ihren Namen aufrufen und ging nach vorn, um ihr Diplom zu empfangen. Sie empfand den Augenblick weniger erhebend, als sie erwartet hatte. Dies hier war eine formelle Feier. Die wahre Feier hatte vorhin im Korridor stattgefunden, als sich die Klasse mit donnerndem Beifall von Fräulein Cameron verabschiedete.

Als es zu Ende war, strömte die Menge zum Haus Grafton hinüber, wo getanzt werden sollte. Susys Eltern wollten mit dem Nachtzug heimfahren. Susy begleitete sie hinaus und stand noch ein paar Minuten mit ihnen auf der Treppe vor dem Haus. Dort erzählte sie ihnen von Bill.

»Ich dachte mir so etwas«, sagte die Mutter mit Tränen in den Augen. »Wir haben ihn sehr, sehr gern.«

Der Vater lächelte ein wenig. »Er ist ein netter Junge. Laß dir aber Zeit, Kind. Zeig der Welt, was du kannst, bevor du dich endgültig bindest.«

»Das werde ich bestimmt tun«, versprach Susy.

Sie blieb draußen stehen, nachdem die Eltern sie verlassen hatten. Die frische Herbstluft kühlte ihre heißen Wangen. Sie brachte aus weiter Ferne einen leisen Duft von Kartoffelfeuern mit sich. Die Lichter des Krankenhauses waren kleine goldene Punkte in der Dunkelheit.

Hinter ihr öffnete jemand die Tür. Susy wußte, daß es Bill war. Er trat neben sie. So standen sie eine Weile Seite an Seite, ohne zu sprechen, und sahen auf das Krankenhaus, das sie liebten; die blinkenden Lichter der Krankensäle, die Dächer, die sich schwarz gegen den Himmel abhoben. Der Wind flüsterte in den Ulmenblättern und spielte mit den Efeuranken, die sich an rote Ziegelwände und grauen Granit klammerten. Weit unten in der Straße ließ ein Krankenwagen seine schrille Signalglocke ertönen und forderte freie Bahn für seine eilige Fahrt zum Krankenhaus – zu jungen Ärzten und jungen Krankenschwestern. »Sie sind bereit – ebenso wie wir bereit sind«, sagte Bill.